BARBARA

Marie-Noëlle BEAUVIEUX

Tomohiko HIRATE

Claude LÉVI ALVARÈS

Jean-Gabriel SANTONI

Editions ASAHI

④ Clignancourt
クリニャンクールの蚤の市

18e

Église Saint-Pierre
サン・ピエール教会

③ La Villette
ラ・ヴィレット公園

le Lapin Agile
キャバレー ラパン・アジール

⑫ ⑫ ⑫

⑫ Passage Cottin
コタン小路

Sacré-Cœur
サクレ・クール寺院

19e

⑧ Gare du Nord
北駅

9e

⑧ Gare de l'Est
東駅

10e

péra Garnier
ペラ座

⑪ Canal Saint-Martin
サン・マルタン運河

Belleville
ベルヴィル公園 **③**

2e

isée du Louvre
ーブル美術館

⑨ Enfants Rouges
アンファン・ルージュ

3e

1er

⑨ Centre Pompidou
ポンピドゥー・センター

Cimetière du Père Lachaise
ペール・ラシェーズ墓地

20e

Pont Neuf
ポン・ヌフ

⑨ Musée Carnavalet
カルナヴァレ美術館

15

l'Écluse
キャバレー
レクリューズ **⑪**

Sainte-Chapelle
サント・シャペル

11e

⑤ rue Vitruve
ヴィトリューヴ通りの家

⑥

① Notre-Dame
ノートルダム大聖堂

④ Bastille
バスティーユ

⑥ Chez Moineau
キャバレー
シェ・モワノー

⑦ Cinéma du Panthéon
シネマ・デュ・パンテオン

④ Aligre
アリーグル

③

Panthéon
パンテオン

⑧ Gare de Lyon
リヨン駅

uxembourg
リュクサンブール
園

5e

12e

④ Mouffetard
ムフタール通り

⑧ Gare d'Austerlitz
オステルリッツ駅

13e

Bois de Vincennes
ヴァンセンヌの森 **③**

③ Montsouris
モンスリ公園

はじめに

　このテキスト『バルバラ』は日本人女性 Kaoru がフランス語を学びながら，フランス人女性歌手バルバラとパリを発見する物語になっています．そう，外国語を学ぶことは文化を知ること発見することでもあるからです．

　全体は 15 課から成り，各課は Dialogue 会話，Grammaire 文法，Exercices 練習問題とコラム Paris et Barbara「パリとバルバラ」で 4 ページにまとめられています．会話，文法，練習問題に出てくる文の多くは日常的によく耳にする自然なフランス語です．音源を何度も聞いて声に出してそのまま覚えて下さい．会話や練習問題にはバルバラの歌が出てきますから YouTube などでその曲を歌うバルバラを見てください．そして気に入った曲があればそのフレーズを口ずさんでください．

Dialogue　舞台はパリです．フランス語を学ぶためにやってきた Kaoru がノートルダム大聖堂の前で Pierre と会うところから物語は始まります．Kaoru はたまたまカフェでバルバラの曲を聞いてバラバラに魅かれていきます．Pierre はパリの街を Kaoru に紹介していきますが，その多くはバルバラと関わりのある場所です．Kaoru と Pierre のパリの散歩はどのような結末を迎えるのでしょうか．

Grammaire　会話で使われた文法内容が説明されます．このテキストでは初級のフランス語学習で学ぶべき文法の項目をほぼ網羅しています．文法は少しずつ出てきますから，各課の文法内容を着実に学習してフランス語のしくみ全体をつかみましょう．

Exercices　学習した文法内容の理解を Exercices「書く練習」と Écoutons ! Parlons !「聞く話す練習」で確認します．どの問題も単に解いて理解するだけでなく，出てきた文はそのまま覚えるようにして下さい．「話す練習」では間違えることを恐れずできるだけ多くのフランス語を話してみましょう．

Paris et Barbara　会話で出てきたパリとバルバラのことを説明するコラムです．このコラムではバルバラの生涯とパリの街を知ることができます．紹介されたところは見返しのパリの地図で確認してください．

　前衛弁当作家 Nancy（松浦美喜）さんにバルバラのイラストとカット，パリの地図そして表紙を作っていただきました．『バルバラ』は Nancy さんの「バルバラの曲でフランス語を学べるなんて素敵です」ということばで励まされて出来上がりました．Nancy さん，そして朝日出版社の石井真奈さんと山田敏之さんには心よりお礼を申し上げます．

著者一同

TABLE DES MATIÈRES

Alphabet ♪ 1-02

A a [ɑ]	B b [be]	C c [se]	D d [de]	E e [ə]
F f [ɛf]	G g [ʒe]	H h [aʃ]	I i [i]	J j [ʒi]
K k [kɑ]	L l [ɛl]	M m [ɛm]	N n [ɛn]	O o [o]
P p [pe]	Q q [ky]	R r [ɛr]	S s [ɛs]	T t [te]
U u [y]	V v [ve]	W w [dubləve]	X x [iks]	Y y [igrɛk]
Z z [zɛd]				

Accents ♪ 1-03

- ´ アクサン・テギュ　accent aigu : é
- ` アクサン・グラーヴ　accent grave : à　è　ù
- ^ アクサン・シルコンフレックス　accent circonflexe : â　ê　î　ô　û
- ¨ トレマ　tréma : ë　ï　ü
- ¸ セディーユ　cédille : ç

Orthographe et Prononciation ♪ 1-04

I　母音字

1　単母音字

a, à, â	[a] / [ɑ] :	madame, voilà, gâteau
i, î	[i] :	joli, île
u, û	[y] :	étude, sûrement
e	[ə] / 無音 :	depuis, rivage
e	[ɛ] / [e] :	lettre, Monet, aimer
è, ê	[ɛ] :	père, même
é	[e] :	été, année
o, ô	[ɔ] / [o] :	porte, bientôt

2　複母音字

ai, ei	[ɛ] :	raisin, Seine
au, eau	[o] :	chaud, beau
eu, œu	[ø] / [œ] :	bleu, cœur
ou, où	[u] :	amour, où
oi, oî, oy	[wa] :	soir, boîte, voyage

3 鼻母音字

am, an, em, en [ɑ̃] : chambre, enfance, septembre, silence
ain, ein, im, in [ɛ̃] : main, peintre, important, fin
um, un [œ̃] : parfum, lundi
om, on [ɔ̃] : ombre, longtemps

＊［œ̃］は［ɛ̃］と同じように発音されます.

4 半母音字

ill [ij] : fille, billet
ail [aj] : travail, Versailles
eil [ɛj] : sommeil, merveille
u (＋ i) [ɥ] : nuit, parapluie

II 子音字

b [b] / [p] : bateau, absent
c [s] / [k] : ciel, comme
ç [s] : français, garçon
ch [ʃ] : chanson, chien
g [ʒ] / [g] : naufrage, gare
gn [ɲ] : vigne, Batignolles
gu [g] : dialogue, baguette
h 無音 : histoire, haine
ph [f] : photo, téléphone
qu [k] : quai, sympathique
r [r] : rue, fleur
s [z] / [s] : musicien, poison, poisson
sc [s] / [sk] : ascenseur, escalier

＊語末の子音字は多くの場合読みませんが, c, f, l, r は読むことが多い.
＊h は発音しませんが, 無音の h と有音の h の区別があります.

Liaison, Enchaînement, Élision ♪ 1-05

- リエゾン liaison（連音）：語末の発音されない子音＋語頭の母音で子音と母音をつづけて発音する.
   Vous êtes Kaoru ?
- アンシェヌマン enchaînement（連続）：語末の発音される子音＋語頭の母音で子音と母音をつづけて発音する.
   Il est professeur.
- エリズィオン élision（省略）：語末の母音＋語頭の母音で語末の母音を省略する.
   Je ＋ ai → J'ai une sœur.

本書に登場する Barbara の曲

第 2 課
Göttingen「ゲッチンゲン」(Barbara / Barbara 1965 年)

第 5 課
Septembre (Quel joli temps)「九月（なんて素敵な季節)」
(Sophie Makhno / Barbara 1965 年)

第 6 課
Nantes「ナントに雨が降る」(Barbara / Barbara 1963 年)

第 7 課
Gare de Lyon「リヨン駅」(Barbara / Barbara 1964 年)

第 9 課
Mon enfance「子どもの頃」(Barbara / Barbara 1968 年)

第 10 課
Septembre (Quel joli temps)「九月（なんて素敵な季節)」
(Sophie Makhno / Barbara 1965 年)

第 13 課
Göttingen「ゲッチンゲン」(Barbara / Barbara 1965 年)

第 14 課
Ma plus belle histoire d'amour「わたしのいちばん美しい愛の物語」
(Barbara / Barbara 1967 年)

第 15 課
Attendez que ma joie revienne
「わたしの悦びが来るまで待って」
(Barbara / Barbara 1963 年)

JASRAC 出 2307078—301

Leçon ①

パリ到着

自分を語る

Dialogue ♪ 1-06

♪ Kaoru がパリに到着してノートルダム大聖堂の前で Pierre に会う.

Kaoru : Bonjour !

Pierre : Vous êtes ... ?

Kaoru : Je m'appelle Kaoru OGAWA. Et vous ?

Pierre : Moi, Pierre, Pierre TOURNIER. Je suis étudiant à Paris VII. Enchanté !

Kaoru : Enchantée !

Pierre : On se dit « tu » ?

Kaoru : Oui, bien sûr.

＊Je m'appelle ～ 私の名前は～です / On se dit « tu ». tu を使いましょう

◁ Les nombres 数詞 1〜10 ▷ ♪ 1-07

| 1 un (une) | 2 deux | 3 trois | 4 quatre | 5 cinq |
| 6 six | 7 sept | 8 huit | 9 neuf | 10 dix |

Grammaire

1 主語人称代名詞

	単数		複数	
1 人称	私は	je	わたしたちは	nous
2 人称	君は	tu	君たちは / あなたは	vous
3 人称	彼は	il	彼らは	ils
	彼女は	elle	彼女らは	elles

- tu は親しい関係で使われ，2 人称複数は常に vous を用います.
- 3 人称の il, elle, ils, elles は名詞を指すときにも代名詞として使います.
- 主語や目的語の強調，前置詞のうしろでは強勢形が用いられます.

je – moi	tu – toi	il – lui	elle – elle
nous – nous	vous – vous	ils – eux	elles – elles

Je suis étudiante. Et toi ?　　Avec lui ? — Non, avec elle.

2 動詞 être の直説法現在形

être「～である」,「～がある」

je suis	nous sommes
tu es	vous êtes
il est	ils sont
elle est	elles sont

- 動詞は主語の人称と数で活用します.

Je suis étudiant.　　Vous êtes étudiant ?

3 名詞の性と数

	単数形		複数形	
男性名詞	garçon	étudiant	garçons	étudiants
女性名詞	fille	étudiante	filles	étudiantes

- 名詞は男性名詞と女性名詞に分かれています. 男性・女性の両方になりうる名詞の多くは語末に **-e** をつけると女性名詞になります.
- 単数形に **-s** をつけると複数形になります.

1 動詞 être の活用形か主語の人称代名詞を書きましょう.

1) Tu (　　　　) Kaoru ?

2) (　　　　　) sommes étudiants.

3) Et (　　　　), (　　　　　) est employé ?

4) Je (　　　　) Pierre.

5) (　　　　　) sont étudiantes.

6) Vous (　　　　　) journalistes, (　　　　) ?

2 日本語をフランス語にしましょう.

1) はじめまして. Je suis Kaoru.　　あなたは？

2) じゃあ，君は？　君は学生ですか.　　—Oui, je suis étudiante.

3) Elle est étudiante ?　　—いいえ，彼女は会社員です.

4) 私の名前はかおるです.　　— Moi, Pierre.

5) Vous êtes professeurs ?　　—いいえ，わたしたちは学生です.

3 数詞を名詞に続けて読んで意味を言いましょう.

1) 2 (deux) étudiants

2) 3 (trois) garçons

3) 10 (dix) euros

4) 1 (une) amie

5) 4 (quatre) filles

6) 7 (sept) heures

Écoutons ! Parlons !

1 音声を聞いて単語を書き取りましょう. ♪ 1-11

1) Elle (　　　　) étudiante.

2) Vous (　　　　　) Mademoiselle OGAWA ?

3) (　　　　) est acteur.

4) Nous (　　　　　) étudiants.

5) (　　　　　), je suis (　　　　　).

2 自分を語る二つのパターンに囲みのことばを入れて隣のひとと話してみましょう.

♪ 1-12

Bonjour !	*Bonsoir !*
Je m'appelle Kaoru.	*Je m'appelle Pierre.*
Je suis née à Kyoto.	*Je suis né à Bruxelles.*
J'habite à Hiroshima.	*J'habite à Paris.*
Je suis étudiante.	*Je suis étudiant.*
Enchantée !	*Enchanté !*

> Et toi ? / Et vous ? / Moi, / Moi aussi. / Non. / On se dit « tu » ?
> Mademoiselle, / Madame, / Monsieur,

PARIS et BARBARA 【1】　　　　ノートルダム大聖堂

(ノートルダム大聖堂の塔からシテ島東部を望む)

(教会前広場のゼロ・ポイント)
© Legacy Images

　　シテ島はパリ発祥の地です. 島東部は古代ローマの頃から神の場でした. 1250 年に完成したノートルダム大聖堂の塔 (地上 69 m) からの眺めは素晴らしいのですが, 2019 年 4 月 15 日の大火災で失われてしまいました. Kaoru が迎えられるのはフランスの道路の起点となる教会前広場のゼロ・ポイント point zéro です. ここがいわば出発点で, 今からフランス語を学ぶ Kaoru の旅が始まります.

Barbara

Dialogue ♪ 1-13

尋ねる

♪ Kaoru はカルチェ・ラタンで Barbara の曲を聞く.

Pierre : Tiens, écoute !

Kaoru : C'est quoi ?

Pierre : C'est une chanson de Barbara.

Kaoru : Barbara, c'est qui ?

Pierre : C'est une chanteuse française. Tu aimes la musique ?

* Tiens　ねえ, ちょっと

Les pays et les nationalités　国名と国籍　♪ 1-14

le Japon	la France	l'Allemagne	la Chine	la Corée	les États-Unis	la Russie
日本	フランス	ドイツ	中国	朝鮮 (韓国)	アメリカ合衆国	ロシア
japonais(e)	français(e)	allemand(e)	chinois(e)	coréen(ne)	américain(e)	russe

● 「ロシア人」russe, 「ベルギー人」belge など男性形と女性形が同じ国籍があります.

● 「～人」と名詞で使う場合は大文字で始めます.
　　Je suis japonaise.　Trois Japonaises écoutent Barbara.

● 「～国で」を表す場合は, 男性名詞の国名の前には **au**, 女性名詞の国名の前には **en** をつけます.
　　au Japon　　　**aux** États-Unis　　　**en** France　　　**en** Allemagne　　　**en** Corée

9

Grammaire

1 | 第一群規則動詞 (-er 型動詞) の直説法現在形 ♪ 1-15

chanter「歌う」

je chante	nous chantons
tu chantes	vous chantez
il chante	ils chantent
elle chante	elles chantent

Vous chantez très bien !

aimer「愛する」

j'aime	nous aimons
tu aimes	vous aimez
il aime	ils aiment
elle aime	elles aiment

J'aime beaucoup Paris.

2 | 命令法 ♪ 1-16

	chanter	écouter	être
tu に対して	Chante	Écoute	Sois
nous に対して	Chantons	Écoutons	Soyons
vous に対して	Chantez	Écoutez	Soyez

- 第一群規則動詞の tu に対する命令では語末の《s》を取ります.
    Écoute bien !　Chante avec moi.
- être など特別な命令法の形を持つ動詞があります.
- 丁寧な命令にするためには **s'il vous plaît** や **s'il te plaît** を付けます.

3 | 不定冠詞と定冠詞 ♪ 1-17

不定冠詞

男性名詞単数	un	複数	des
女性名詞単数	une	複数	

定冠詞

男性名詞単数	le (l')	複数	les
女性名詞単数	la (l')	複数	

- 不定冠詞は相手が知らない不特定の数えられる名詞に，定冠詞は相手にも分かっていると思われる特定された名詞に付きます.
- 否定文で動詞の直接目的補語に付く不定冠詞は **de** に変わります.
    Vous écoutez des chansons japonaises ? — Non, je n'écoute pas de chansons japonaises.

4 | 疑問文と否定文 ♪ 1-18

- 疑問文はイントネーションだけで伝えることもできますが，文頭に **Est-ce que** を付けたり，主語と動詞を倒置することでつくることができます.
    Est-ce que tu habites à Kyoto ?　Aimez-vous la musique ?
- 「もの」は **C'est quoi ? (Qu'est-ce que c'est ?)**,「ひと」は **C'est qui ? (Qui est-ce ?)** で尋ねます. 答えが単数形の場合は **C'est** +（冠詞＋）単数名詞，複数形の場合は **Ce sont** +（冠詞＋）複数名詞の形で答えます.
    C'est quoi ? — C'est une chanson française.　Qu'est-ce que c'est ? — Ce sont des fleurs.
    C'est qui ? — C'est un acteur japonais.　　Qui est-ce ? — Ce sont des journalistes.
- 否定文は動詞を **ne** と **pas** ではさみます（会話では **ne** はしばしば省略されます）.
    Je n'aime pas le sport.　Vous parlez allemand ? — Non, je ne parle pas allemand.
    Et ne comptez pas sur moi.

Exercices

1 カッコの動詞を適切な形にしましょう.

1) Vous (aimer) le cinéma ?

2) Kaoru et Hikari (parler) japonais.

3) Nous (habiter) à Hiroshima.

4) (chercher) bien, s'il te plaît.

5) Il n'(écouter) pas les professeurs.

2 適切な冠詞を入れましょう.

1) Monsieur, (　　　　　) café, s'il vous plaît.

2) Tu n'aimes pas (　　　　) fruits ?

3) (　　　　) Français mangent (　　　　) croissants.

4) (　　　　) vélo, c'est bon pour (　　　　) santé.

5) (　　　　) *fabuleux destin d'Amélie Poulain* est (　　　　) film français.

3 日本語をフランス語にしましょう.

1) Il étudie le français à Paris ?　　— いいえ，彼は日本でフランス語を勉強しています.

2) それは何ですか？　映画ですか？　—Oui, ce sont des films français.

3) Vous aimez les légumes ?　　— いいえ，私は野菜を食べません.

4) こちらはどなたですか？　—Ce sont des touristes belges.

4 これは Kaoru がカフェで聞いた Barbara の「ゲッチンゲン」*Göttingen* の冒頭です. なぜ定冠詞が使われているか考えてみましょう. そして，歌詞を参考にして肯定文を否定文に，否定文は肯定文にしましょう.

Göttingen	ゲッチンゲン
Bien sûr, ce n'est pas la Seine,	もちろん，それはセーヌ河ではないし
Ce n'est pas le bois de Vincennes,	ヴァンセンヌの森でもない
Mais c'est bien joli tout de même,	それでもやはり美しい
À Göttingen, à Göttingen.	ゲッチンゲンでは，ゲッチンゲンでは

1) C'est la cathédrale Notre-Dame de Paris.

2) Ce n'est pas une chanson de Barbara.

3) Je n'aime pas le sport.

4) Ce n'est pas intéressant.

5) C'est joli.

Écoutons ! Parlons !

1 音声を聞いてそれぞれの人物の国籍と職業を聞き取りましょう. ♪ 1-19

せつこ	ジョージ	マリ	アンドレイ	カロリン	チェ・ソンギュン	ウォン
日本人	アメリカ人	フランス人	ロシア人	ドイツ人	韓国人	中国人
お菓子屋	会社員	教師	音楽家	歌手	作家	パン屋

職業：étudiant(*e*), professeur(*e*), écrivain(*e*), avocat(*e*), employé(*e*), journaliste, pâtiss*ier*(*ère*), boulang*er*(*ère*), chante*ur*(*se*), coiffe*ur*(*se*), chôme*ur*(*se*), musicien(*ne*), act*eur*(*rice*)

2 **1** の人物になって隣のひとと紹介し合いましょう. ♪ 1-20

名前：*Je m'appelle Setsuko.*　　　生まれ：*Je suis née au Japon.*

国籍：*Je suis japonaise.*　　　職業　：*Je suis pâtissière.*

PARIS et BARBARA **2**　バルバラとパリの番地

（ボビノー劇場　1966年）
© Getty Images

バルバラ Barbara の本名は Monique Andrée Serf. 1930年6月9日にパリ17区に生まれました. ユダヤ系であったためにナチス・ドイツ占領時はマルセイユ, ロアンヌ, タルブなどフランス国内を転々とし, 戦後1946年5月にパリに戻ります. バルバラは繊細でニュアンスに満ちた曲を歌って, フランスのシャンソンの「女王」と呼ばれます. 音楽劇「リリー・パッション」Lily Passion に共演したジェラール・ドパルデューを始め, ピアニストのアレクサンドル・タロー, 映画監督のフランソワ・オゾンなどバルバラに魅了されたひとは少なくありません. Kaoru もカルチエ・ラタンのカフェで彼女の歌を聴いて引き込まれます.

パリは20の区 arrondissement から成ります. 20の区は中心から時計回りにらせん状に並び, 17区はパリの西北に当たります. 住所は通り名と番地から建物を特定できます. 番地はセーヌ川を起点とし, セーヌ川を背にして左が奇数, 右が偶数で, セーヌ川と並行する通りは下流に向かって数字がふられます. バルバラが生まれたのはブロシャン通り6番地 6, rue Brochant. バルバラの家族は彼女が生まれた1年後に, 歩いて10分ほどのノレ通り11番地 11, rue Nollet に引っ越しますが, 通り向かいの10番地には, かつて詩人ヴェルレーヌ Verlaine が住んでいました. Kaoru がカフェで聞いた「ゲッチンゲン」にはこのヴェルレーヌの名が出てきます.

（パリ17区部分 *Plan de Paris par arrondissement, L'Indispensable* より）

Leçon ③

リュクサンブール公園

紹介する

Dialogue ♪ 1-21

♪ リュクサンブール公園で Pierre が Kaoru に Sophie を紹介する.

Pierre : Ici, c'est le jardin du Luxembourg.

Kaoru : Il y a beaucoup d'arbres. C'est joli.

Pierre : On a un rendez-vous avec Sophie. Elle a dix-huit ans.

Elle est étudiante...

Pierre : Ah, voilà Sophie ! Bonjour, Sophie. Je te présente Kaoru.

＊il y a～ ～があります / beaucoup de 多くの / Je te présente ～ 君に～を紹介します

| Les nombres 数詞 11~20 | ♪ 1-22 |

| 11 onze | 12 douze | 13 treize | 14 quatorze | 15 quinze |
| 16 seize | 17 dix-sept | 18 dix-huit | 19 dix-neuf | 20 vingt |

Grammaire

1 動詞 avoir の直説法現在形　　♪ 1-23

avoir「〜を持つ」

j'ai	nous avons
tu as	vous avez
il a	ils ont
elle a	elles ont

Elle a deux frères.　J'ai dix-huit ans.

2 形容詞　　♪ 1-24

- 名詞の性（男性・女性）と数（単数・複数）に一致し，女性形は男性形に **-e** を，複数形は単数形に **-s** を付けます．

  grand → grand**e**　　petit → petit**s**

- 特別な女性形を持つ形容詞があります．

-e で終わる形容詞はそのまま	jeune → jeune
-eux で終わる形容詞は -euse	heureux → heureuse
-f で終わる形容詞は -ve	actif → active
子音字を重ねる	bon → bonne　ancien → ancienne
特殊な女性形	frais → fraîche　blanc → blanche
男性第二形	beau → bel → belle　vieux → vieil → vieille

- -s, -x で終わる形容詞の複数形は変化しません．

  gros → gros　　heureux → heureux

- 名詞を修飾する場合は後置されますが，bon「よい」，petit「小さい」，joli「可愛い」など日常的によく使う意味範囲の広い形容詞は前置されます．

  une histoire intéressante　des hôtels confortables　un bon élève　une jolie maison

- être などの動詞の後に置かれて主語を説明します（属詞）．C'est の後では男性単数形にします．

  Elle est très active.　　　　　　　　Pour vous je suis mystérieuse.

  La musique, c'est merveilleux.

3 前置詞（à と de）と定冠詞の縮約形　　♪ 1-25

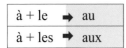

à + le	➡	au
à + les	➡	aux

de + le	➡	du
de + les	➡	des

Il est au bureau.　　　　　　J'habite près du métro.

Ils sont aux États-Unis ?　　Demain, c'est la rentrée des classes.

- 定冠詞 la は縮約しません．

  Je reste à la maison aujourd'hui.

Exercices

1 動詞 avoir を適切な形にしましょう.

1) Nous (　　　　　　) une voiture.

2) J'(　　　　　　) trois cours aujourd'hui.

3) Tu (　　　　　) des sœurs ?

4) Ils n'(　　　　　　) pas d'enfants.

5) Vous (　　　　　　) quel âge ?

2 カッコの形容詞を適切な形にしましょう.

1) Barbara, elle est (beau).

2) J'aime les voitures (sportif) et (rapide).

3) C'est une histoire très (intéressant).

4) Vous écoutez des chansons (japonais) ?

5) Elle habite dans un (vieux) appartement avec deux (petit) chiens.

3 定冠詞と前置詞を入れて，必要に応じて縮約形にしましょう.

1) J'arrive tôt (　　　　　　) bureau et je rentre tard (　　　　　　) maison.

2) Je marche (　　　　) gare (　　　　)école.

3) Les sportifs (　　　　　) monde entier participent (　　　　　) Jeux Olympiques.

4) Les Français passent une partie (　　　　　) journée (　　　　　) terrasse
(　　　　) cafés.

5) Pardon Madame, (　　　　　)Opéra (　　　　) Champs-Élysées, c'est loin ?

4 適切な語句を下から一つ選びましょう. 語句は何度使っても構いません.

1) (　　　　　) quoi, le plat (　　　　　) jour ? — C'est une ratatouille ! (　　　　　)
ratatouille, (　　　　) bon et il y a beaucoup (　　　　　) légumes.

2) Qui (　　　)-ce, Sophie ? — (　　　　) est une amie. (　　　　) est jolie, non ?

3) Il (　　　　) jeune et il (　　　　　) beaucoup (　　　　)argent, mais il
n'(　　　　) pas sympathique.

4) Ils (　　　　) mariés ? — Non, mais ils (　　　　) deux enfants. Paul,
le garçon, (　　　　) six ans et Paule, la fille, (　　　　) quatre ans.

> a, c'est, d', de, du, elle, est, la, ont, sont

15

Écoutons ! Parlons !

1 音声を聞いてカッコの単語を書き取りましょう. ♪ 1-26

Pierre : Kaoru, je te (   ) Sophie.

Sophie : Bonjour Kaoru, (   ).

Pierre : Sophie est (   ). Elle (   ) à Paris et elle est (   ).

Kaoru : Vous (   ) Barbara ?

Sophie : Oui, j'(   ) beaucoup Barbara. On se dit « (   ) » ?

2 3 人あるいは 4 人のグループになって，以下の文例を使って名前，年齢，国籍などを紹介してみましょう. ♪ 1-27

名前：*C'est Antoine.*   年齢：*Il a dix-neuf ans.*

言語：*Il parle japonais.*   国籍：*Il est français.*

PARIS et BARBARA   3   パリの公園

バルバラの「ゲッチンゲン」には「ヴァンセンヌの森」が出てきます. パリ東のヴァンセンヌの森と西のブローニュの森はとても広く，二つの面積を合わせるとパリ市の18％近くを占めます. この二つの森のほかに，パリには 17 の公園 parc と 145 の庭園 jardin, 275 のスクエア square があって，これらを合わせるとパリの総面積の 23 ％になり，パリがいかに緑の多い都市であるかがわかります. 公園で最も広いのは 19

（リュクサンブール公園）

区にあるラ・ヴィレット公園ですが，庭園では 1 区にあるチュイルリー庭園が広く，この庭園は隣接するルーブル美術館とシャンゼリゼ通りの先にある凱旋門と一直線上に並び，大きな観覧車のある移動遊園地や冬のクリスマス市 Marché de Noël でも有名です. スクエアにはよく人の名が付きますが，パリには Square Barbara はありません. でもバルバラが生まれた 17 区のバティニョル公園の中に「バルバラの小径」allée Barbara があります（第 14 課）. エリック・ロメールの映画「パリのランデブー」 *Les Rendez-vous de Paris* 第二話「パリのベンチ」では，リュクサンブール公園からベルヴィル公園，モンスリ公園などパリの公園がたくさん登場します.

ラスパイユ通りのマルシェ

買い物

Dialogue ♪ 1-28

♪ ラスパイユ通りのビオ・マルシェで Pierre が夕食のタジンの買い物をする.

Pierre : Je cherche du poulet.

Kaoru : Qu'est-ce que tu fais ce soir ?

Pierre : Je fais un tagine au poulet. C'est ma spécialité.

Bonjour Monsieur, le poulet, c'est combien ?

Le marchand : 23 euros le kilo.

Pierre : Alors, quatre cuisses, s'il vous plaît.

Le marchand : Ça fait 11 euros 75. Et avec ça ?

Pierre : C'est tout, merci.

＊C'est combien ? いくらですか / s'il vous plaît ください / Et avec ça ? 他には

（ラスパイユ通りのビオ・マルシェ）

Les nombres　数詞 20~100　♪ 1-29

20 vingt	21 vingt et un	22 vingt-deux	30 trente	31 trente et un
40 quarante	41 quarante et un	50 cinquante	51 cinquante et un	60 soixante
61 soixante et un	69 soixante-neuf	70 soixante-dix	71 soixante et onze	80 quatre-vingts
81 quatre-vingt-un	90 quatre-vingt-dix	91 quatre-vingt-onze	99 quatre-vingt-dix-neuf	100 cent

Grammaire

1 不規則動詞（1）faire の直説法現在形   ♪ 1-30

faire「する」,「つくる」

je fais	nous faisons
tu fais	vous faites
il/elle fait	ils/elles font

Qu'est-ce que vous faites dans la vie ?
Moi je fais ma guerre en chansons.

- faire + 動詞の原形で使役の意味をつくります.
  Les parents font manger leurs enfants.

2 部分冠詞   ♪ 1-31

男性名詞単数	du (de l')
女性名詞単数	de la (de l')

- 名詞を数えられないものとして扱って「ある量」を表します. 複数形はありません.
  du café   de l'argent   de la viande   de l'eau
- 否定文で動詞の直接目的語に付く部分冠詞は **de** にかわります.
  Je ne mange pas de viande.

3 指示形容詞 ce   ♪ 1-32

男性形単数	女性形単数	男性・女性形複数
ce (cet)	cette	ces

- 名詞の前に置かれて「この」,「その」,「あの」の意味になります.
  ce bureau   cette montre   ces livres
- 母音または無音の h で始まる男性単数名詞には cet を使ってアンシェヌマンします.
  cet étudiant   cet hôtel

4 所有形容詞   ♪ 1-33

	男性形単数	女性形単数	男・女複数
私の	mon	ma (mon)	mes
君の	ton	ta (ton)	tes
彼の / 彼女の	son	sa (son)	ses

	男性形単数	女性形単数	男・女複数
わたしたちの		notre	nos
あなた(方)の		votre	vos
彼らの / 彼女らの		leur	leurs

- 所有形容詞はそれが修飾する名詞の性・数に合わせて形が変わります.
  mon numéro de téléphone   nos professeurs   Je chante ma vie.
- 修飾する名詞が母音あるいは無音の h で始まる女性単数名詞の場合は，男性形を使ってリエゾンします.
  une école → mon école   une histoire → ton histoire
- 修飾する名詞の性・数に一致するので英語の his と her のような区別はありません. sa mère は「彼の母」あるいは「彼女の母」の意味になります.

18

1 適切な冠詞を入れましょう.

1) Je fais (　　　　　　)exercice. C'est bon pour (　　　　　　) santé.

2) (　　　　　　)appartement de Sophie donne sur (　　　　　) square des Batignolles.

3) Il y a (　　　　　) bon restaurant dans (　　　　　) quartier ?

4) Il a (　　　　　) talent, mais il n'a pas (　　　　　)imagination.

5) J'ai soif. (　　　　　)eau, s'il vous plaît.

2 適切な指示形容詞を入れましょう.

1) (　　　　　) église est célèbre.

2) Ils sont frais, (　　　　　) poissons ?

3) Il est à toi (　　　　　) portable ?

4) J'aime bien (　　　　　) hôtel. Il est très confortable.

5) C'est qui, (　　　　　) gens ?

3 動詞 faire を適切な形にしましょう.

1) Qu'est-ce qu'il (　　　　　) dans la vie ?

2) Nous (　　　　) du vélo.

3) Elle (　　　　) un mètre 70.

4) Je ne (　　　　) pas de sport.

5) Ne (　　　　) pas pleurer ton petit frère, s'il te plaît.

4 文意をよく考えて適切な所有形容詞か指示形容詞を入れましょう.

1) Les enfants aiment (　　　　　) émission. C'est (　　　　　) émission favorite.

2) Je te présente (　　　　　) amie japonaise. Elle habite avec (　　　　　) parents.

3) Tu connais (　　　　　) restaurant ? — Oui, il est célèbre pour (　　　　　)
cuisine et (　　　　) service.

4) Dans (　　　　　) hôtel, des clients viennent avec (　　　　　) animaux.

5) Est-ce que (　　　　　) frère et toi, vous passez (　　　　　) vacances avec
(　　　　) famille ?

Écoutons ! Parlons !

1 音声を聞いてカッコの単語を書き取りましょう.　　　　　　　　　♪ 1-34

Voici (　　　　) famille. (　　　　) père s'appelle Pierre, et (　　　　) mère, c'est Sophie.
Elle a (　　　　　) frère, Jean-Claude. Il a (　　　　) ans. Il a (　　　　) filles : ce sont
(　　　　) cousines, Françoise et Catherine. (　　　　　) mère, ma tante Renée, (　　　　)
très bien la cuisine. (　　　　) gâteaux sont délicieux !

2 **1** の文を参考にして自分あるいは架空の人物の家族を隣のひとに紹介しましょう.

PARIS et BARBARA **4**　　　　パリのマルシェ

　　パリには現在，食料品，花，古書，切手，蚤の市など95のマルシェがあります. 骨董好きならヴァンブやクリニャンクールの蚤の市だけでなく，広場や通りで開かれるヴィッド・グルニエ vide-grenier でも掘り出し物を見つけることができます. 食料品のマルシェは，バスティーユ広場の7月革命記念柱が見えるマルシェ・バスティーユ（11区）や，これもロメールの「パリのランデブー」第一話「7時のランデブー」に登場するモンパルナスタワーを背景にしたエドガー・キネのマルシェ（14区），屋内マルシェならパリで最も古い屋内マルシェ marché couvert のアンファン・ルージュ（3区）やアリーグル（12区），そしてムフタール通り（5区）のマルシェも魅力的です. 第4課の舞台は6区ラスパイユ通りのビオ・マルシェです. ここは野菜や肉，魚などの生鮮食料品とともにチーズ fromage(s) や蜂蜜 miel，石鹸 savon など「ビオ」bio が溢れています. マルシェには飲食の屋台もありますが，ラスパイユには「じゃがいもと玉ねぎのガレット」galettes de pommes de terre aux oignons を焼く屋台がマルシェの北端に立ちます. Kaoru がガレットを買ったときに小説の話になって，ガレットの焼き手は「コレット Colette の『シェリ』Chéri を是非読むといい」と勧めてくれました.

（マルシェのチーズ屋 fromagerie）

Pierre の家

食事

Dialogue ♪ 1-35

♪ Pierre が Kaoru を夕食に招く.

Kaoru : Il est vraiment délicieux, ton tagine. Et ici, c'est un bel endroit.

Pierre : Oui, c'est un quartier populaire, mais c'est très calme. Et puis il y a l'appartement de Barbara dans le quartier, tout près d'ici.

Kaoru : Ah bon ?

Pierre : On va se promener après le repas ?

Kaoru : D'accord, finissons vite le dîner, alors ...

＊près d'ici　この近くに / ah bon ？ そうなの？

（バルバラが家族と住んだヴィトリューヴ通りのアパルトマン）

| Les douze mois de l'année　12 ヶ月 | ♪ 1-36 |

janvier　février　mars　avril　mai　juin

juillet　août　septembre　octobre　novembre　décembre

Grammaire

1 **代名動詞** ♪ 1-37

se lever「起きる」

je me lève	nous nous levons
tu te lèves	vous vous levez
il/elle se lève	ils/elles se lèvent

- 主語と同じものをさす再帰代名詞とともに用いられ，次の四つの使い方があります．
- 行為が主語に帰る再帰的用法「自分を〜する」　Je m'appelle Claude.
- 主語が複数で互いに行為が及ぶ相互的用法「お互いに〜する」　Elles se téléphonent souvent.
- 主語が物で受け身となる受動的用法「〜される」　Cette expression s'emploie au Québec.
- 代名動詞としてのみ用いられる本質的用法　Occupe-toi de tes affaires !

2 **第二群規則動詞（-ir 型動詞）の直説法現在形** ♪ 1-38

finir「終える」

je finis	nous finissons
tu finis	vous finissez
il/elle finit	ils/elles finissent

choisir「選ぶ」

je choisis	nous choisissons
tu choisis	vous choisissez
il/elle choisit	ils/elles choisissent

Je finis mon travail à dix-sept heures.　　Qu'est-ce que vous choisissez ?

3 **不規則動詞（2）aller と venir の直説法現在形** ♪ 1-39

aller「行く」

je vais	nous allons	Je vais au cinéma.
tu vas	vous allez	Où allez-vous ?
il/elle va	ils/elles vont	Ça va ? — Oui, je vais bien.

venir「来る」

je viens	nous venons	Vous venez d'où ? — Je viens du Japon.
tu viens	vous venez	Ça vient de loin.
il/elle vient	ils/elles viennent	Viens tout de suite, s'il te plaît.

- aller + 動詞の原形は「〜をしに行く」ですが，近接未来の意味「するつもりです」にもなります．
  venir de + 動詞の原形は近接過去「したところです」の意味をつくります．
  　　On va faire les courses cet après-midi, tu viens ?　　　Ils viennent de manger.

4 **主語の on** ♪ 1-40

- 常に主語として用いられて動詞は 3 人称単数形になります．nous の代わりや「人（びと）は」あるいは「誰かが」の意味になります．
  　　On y va !　　On ne mange pas ici.　　On frappe à la porte.

Exercices

1 代名動詞を抜き出して原形にして文章を訳しましょう.

1) Quand je me trompe de route, je m'arrête pour demander mon chemin.

2) Le matin, elle se réveille vers sept heures, mais elle ne se lève pas tout de suite.

3) Ne vous inquiétez pas. Nous allons nous arranger.

4) Où se trouve le musée Rodin ? — Je ne sais pas. Je vais me renseigner.

5) Prépare-toi vite, on s'en va dans dix minutes !

2 カッコの動詞を適切な形にしましょう.

1) Tu (venir) d'où ?

2) Le train (aller) bientôt entrer en gare.

3) En général, je ne (réfléchir) pas longtemps avant d'acheter quelque chose.

4) Qu'est-ce qu'ils (aller) faire ?

5) C'est dommage. Ils ne (réussir) jamais à se lever tôt.

3 次の曲は Barbara の「九月（なんて素敵な季節）」*Septembre (Quel joli temps)* です. 歌詞の中の代名動詞を参考にして囲みから動詞を選んで適切な形にしましょう.

Septembre (Quel joli temps)	九月（なんて素敵な季節）
Jamais la fin d'été n'avait paru si belle Les vignes de l'année auront de beaux raisins On voit se rassembler déjà les hirondelles Mais il faut se quitter, pourtant l'on s'aimait bien Quel joli temps pour se dire au revoir, Quel joli soir pour jouer ses vingt ans Sur la fumée des cigarettes L'amour s'en va, mon cœur s'arrête Quel joli temps pour se dire au revoir, Quel joli soir pour jouer ses vingt ans Les fleurs portent déjà les couleurs de septembre Et l'on entend, de loin, s'annoncer les bateaux Beau temps pour un chagrin que ce temps couleur d'ambre Je reste sur le quai, mon amour, à bientôt	夏の終わりがこれほど美しいのは初めて 今年の葡萄はきれいな実をつけるでしょう もうつばめが集まっているのが見える でも別れないといけない，とても愛し合っていたのに なんて素敵な季節，お別れには なんて素敵な宵，二十歳のお祝いには 煙草のけむりの上で 愛は行ってしまい，わたしの心は止まる なんて素敵な季節，お別れには なんて素敵な宵，二十歳のお祝いには 花はもう九月の色をつけている 船の汽笛が遠くから聞こえる 哀しみにはいい季節，まさに琥珀色のこのときが わたしは桟橋にひとり，わたしの愛よ，さようなら

1) Elle (立ち止まる) souvent devant les vitrines.

2) Nous (愛し合う) depuis longtemps.

3) Des hirondelles (集まる) sous les toits.

4) Pourquoi vous (別れる) ?

5) Je vais (立ち去る) d'ici tout de suite.

> s'aimer, s'en aller, s'annoncer, s'arrêter, se dire, se quitter, se rassembler

23

Écoutons ! Parlons !

1 次の身分証明書の人物をフランス語で紹介しましょう.

RÉPUBLIQUE FRANÇAISE
CARTE NATIONALE D'IDENTITÉ / IDENTITY CARD

NOM / Surname
DUBOIS

Prénoms / Given names
Sylvie

SEXE / Sex NATIONALITÉ / Nationality DATE DE NAISS / Date of birth
F **FRA** **01 04 1995**
LIEU DE NAISSANCE / Place of birth
BORDEAUX
NOM D'USAGE / Alternate name

Nº DU DOCUMENT / Document No DATE D'EXPIR / Expiry date
T7X62TZ79 **27 01 2031**

Elle s'appelle ....   Elle est née à .....   Elle est ....   Elle a .....

2 カッコの動詞を聞き取って文章を完成させ,この文例を使って隣のひとに自分のことを話しましょう. ♪ 1-41

En semaine je (　　　　) un peu tard, vers minuit, et je (　　　　) tôt, vers six heures. Je
(　　　　), je (　　　　), je (　　　　) et je (　　　　) mon sac pour aller à la fac. Je
(　　　　) à la fac vers huit heures et demie.

PARIS et BARBARA 5　　ヴィトリューヴ通りの家と記念標

（ヴィトリューヴ通り 50 番のバルバラの記念標）

　バルバラは 1946 年に家族とともにヴィトリューヴ通りの家に移り住みます.父が彼女のために借りてくれた黒いピアノが台所に置かれ,バルバラは音楽の勉強を続けます.

　20 区のヴィトリューヴ通り 50 番 50, rue Vitruve の建物にはバルバラの「記念標」plaque commémorative が掲げられています.「著作家・作曲家・演奏者バルバラ（1930 年 -1997 年）はここに 1946 年から 1959 年まで住んだ」.そして,彼女がベトナム戦争のときに作った反暴力の歌「ペルランパンパン」 Perlimpinpin（いかさま薬）の一節が刻まれています.「そして透明の心を湧きたてる / 灰色の壁に囲まれた中庭の奥で / きっと夜明けの光が届くだろうから」.

　パリ市が管理している「記念標」は約 1,600 枚あります.第二次大戦に関係するものが 1,250 枚で,350 枚は作家,芸術家,政治家など文化的な記念標です（市が管理していない記念標を含めるとパリ全体では 2,000 枚ほどあるようです).記念標は 6 区,7 区,8 区に集中し,6 区はとりわけ作家の記念標が多いようです.実は 17 世紀のモリエール Molière が生まれた場所を示す記念標が二つある（96, rue Saint-Honoré と 31, rue Pont Neuf）など,パリの通りは建物を見上げて歩いても面白い発見があります.

Leçon ❻

「ナントに雨が降る」

天候と時間

 ♪ 1-42

♪ Pierre が Kaoru に Barbara の歌を聞かせる.

Nantes

Il pleut sur Nantes

Donne-moi la main

Le ciel de Nantes

Rend mon cœur chagrin.

Un matin comme celui-là

Il y a juste un an déjà ...

Pierre : Tu connais cette chanson ?

Kaoru : Non. C'est une chanson de Barbara, n'est-ce pas ?

＊n'est-ce pas ?　〜ですね

⟨ Les quatre saisons　四季 ⟩　♪ 1-43

| le printemps | l'été | l'automne | l'hiver |
| au printemps | en été | en automne | en hiver |

Grammaire

1 非人称構文

- 天候，時間などは il を主語にして表すことができます.
- 天候は faire や天候を表す動詞で表現します.

    Il fait beau aujourd'hui.   Il pleut ce matin.

- 時間は être を使って，時間，分の順で表現します. 慣用表現として et quart「15 分過ぎ」,
 et demie「30 分過ぎ」, moins ~「~分前」, moins le quart「15 分前」などがあります.「~時に」
 は時刻の前に前置詞 **à** を置きます.

    Il est trois heures.   Il est huit heures dix.   Il est une heure et demie.

    Quand est-ce qu'elle arrive chez nous ? — Elle arrive demain à six heures.

- il y a + 名詞で「~があります」の意味をつくりますが, **il y a** は前置詞としても用いられて
「~前に」の意味をつくります.

    Il y a un bon restaurant près d'ici.   Elle vient de partir il y a deux minutes.

- その他に il faut + 動詞の原形あるいは名詞の形で「~しなければならない」,「~が必要である」
の意味をつくる非人称構文があります.

    Il faut fermer les portes.   Il faut de la patience pour ce travail.

2 疑問形容詞 quel

	単数	複数
男性形	quel	quels
女性形	quelle	quelles

- 名詞と結びついて「どんな~」,「何の~」の疑問文をつくります.

    Quels films aimez-vous ?   Quelle heure est-il ?

- 疑問形容詞は感嘆詞としても用いられて「なんて~」の意味になります.

    Quel dommage !

3 不規則動詞（3）connaître と savoir の直説法現在形

connaître「（経験的に）知る」

je connais	nous connaissons
tu connais	vous connaissez
il/elle connaît	ils/elles connaissent

Je connais cet homme.

Vous connaissez la Bretagne ?

savoir「知っている」,「できる」

je sais	nous savons
tu sais	vous savez
il/elle sait	ils/elles savent

Il ne sait pas sa leçon.

Mon petit ami sait bien faire la cuisine.

- connaître は名詞と用いられますが, savoir は名詞だけでなく動詞の原形などと用いられます.

Exercices

1 適切な語句を下から一つ選びましょう.

1) En hiver, (   ) du soleil, mais il (   ) froid.

2) (   ) est votre nom ? — Je m'appelle Pierre TOURNIER.

3) (   ) sont les fêtes traditionnelles du Japon ?

4) Vous avez l'heure ? — Oui, (   ) deux heures.

5) (   ) chaleur ! Il (   ) un chapeau.

> fait, faut, il est, il y a, quel, quelle, quelles

2 カッコに connaître か savoir のどちらかの動詞を適切な形にして入れましょう.

1) Tu (   ) tes voisins ?

2) Elle (   ) bien nager : elle nage depuis l'âge de trois ans

3) Quelle heure est-il ? — Je ne (   ) pas.

4) Vous (   ) cette adresse ?

5) Je ne (   ) pas dire « Je t'aime ».

3 次の曲は Barbara の「ナントに雨が降る」*Nantes* です. 以下の設問に答えましょう.

> **Nantes**
> Il pleut sur Nantes
> Donne-moi la main
> Le ciel de Nantes
> Rend mon cœur chagrin.
>
> Un matin comme celui-là
> Il y a juste un an déjà ...

* rend は不規則動詞 rendre「〜にする」の 3 人称単数形／
celui-là は matin「朝」を受けて「このような（朝）」の意味

1) 非人称構文の文章を抜き出して日本語に訳しましょう.

2) この歌詞の出来事が起きたのはいつのことですか.

3) 次の文章を日本語に訳してみましょう.

   a) Il neige à Kyoto depuis trois jours.

   b) Je reste à Paris pendant deux semaines.

   c) Il vient d'arriver au théâtre il y a cinq minutes.

   d) Noël, c'est dans un mois, n'est-ce pas ?

Écoutons ! Parlons !

1 時間に関する語や表現を聞き取りましょう.　　　　　　　　♪ 1-47

1) La banque est ouverte de (　　　) heures à (　　　) heures.

2) Quelle heure est-il maintenant ? — Il est (　　　) heures (　　　).

3) Le matin je quitte la maison à (　　　) heures. J'arrive à la fac (　　　) heure plus tard, à (　　　) heures. Mes cours finissent à (　　　) heures.

2 **1** の 2) と 3) の表現を使って隣のひとと時間や時刻の練習をしましょう.

PARIS et BARBARA **6**

「ナントに雨が降る」

（レクリューズ　1954 年）© Jo Pietri. All rights reserved 2023 / Bridgeman Images

　1949 年，父がヴィトリューヴ通りの家を出て，黒いピアノは取り上げられてしまいました. ブリュッセルに逃れたバルバラはキャバレーで歌います. ベルギー滞在のためにクロード・スリュイス Claude Sluys と結婚もしました (1953 年). パリのキャバレー「レクリューズ」l'Écluse などでも歌い始めますがなかなか売れません. 1956 年にはクロードとも別れ，パリのキャバレー「シェ・モワノー」Chez Moineau と契約してその上階に住みます. 1959 年にフランスのテレビ番組 (Cabaret du soir と Discorama) に出演した頃から少しずつ売れ始め，バルバラはヴィトリューヴ通りの家に戻ります. 黒いピアノも取り戻しました. しかし，この年の 12 月 21 日，父ジャック Jacques が危篤との電話を受けます. バルバラは弟クロード Claude とともにナントで亡き父に対面します. 父の埋葬を終えた翌日，彼女は「ナントに雨が降る」を作りはじめます. 曲は何度も書き直され，完成したのは 1963 年 11 月でした.

　バルバラは幼い頃に父から性暴力を受けました. ナントで父の友人が語った「彼はとりわけ歌を歌う娘を愛していた」ということばでバルバラの心は揺れます. それでも「そこから抜け出ることができた. わたしには歌があるから」とバルバラは後に語っています. ナントの「ド・ラ・グランジョ・ルー通り 25 番」にバルバラが到着した場面の歌詞は韻も深く響きます. 曲の終わりに現れることば « Mon père » にバルバラの複雑な哀しみが表れています.

Leçon ❼

モンパルナス

映画を観る

Dialogue ♪ 1-48

♪ Pierre が Kaoru に Barbara の映画を尋ねる.

Pierre : Kaoru, tu connais le film « *Franz* » ?

Kaoru : Non, je ne le connais pas. C'est quoi ?

Pierre : C'est un film de Jacques Brel avec Barbara.

Kaoru : On peut le voir au cinéma ?

Pierre : Non, mais à Montparnasse, il y a un film sur Barbara à l'affiche.
Sophie veut le voir. On y va ensemble ?

* On y va （そこに）行きましょう

（「我が友フランツ／海辺のふたり」*Franz* (1972)）　　（「バルバラ　セーヌの黒いバラ」*Barbara* (2017)）

Les sept jours de la semaine　曜日 ♪ 1-49

lundi　mardi　mercredi　jeudi　vendredi　samedi　dimanche

Grammaire

1　補語人称代名詞（直接目的補語 COD と間接目的補語 COI）

	直接目的補語	間接目的補語
je	me	
tu	te	
il	le	lui
elle	la	

	直接目的補語	間接目的補語
nous	nous	
vous	vous	
ils	les	leur
elles		

- 直接目的補語と間接目的補語が代名詞になると動詞の前に置かれます.
- 直接目的補語 COD は前置詞を介さずに直接動詞につながって意味をつくります.

    Tu connais cette chanson ? — Oui, je vais la chanter ce soir.

    Tu me berces amoureusement.

- 間接目的補語 COI は à などの前置詞を介して動詞につながって意味をつくります.

    Tu téléphones souvent à tes parents ?

    — Non, je leur téléphone rarement, mais je leur envoie souvent des messages.

- COD と COI の両方を含む文での語順は次のようになります.

    主語 — (ne) me, te, nous, vous — le, la, les — lui, leur — 動詞 (pas)

    Tu lui donnes ces CD ? — Oui, je les lui donne.

- 肯定命令文では COD と COI は動詞の後ろに置いて -（トレ・デュニオン trait d'union）で結びます（me は moi, te は toi となります）.

    動詞 — le, la, les — moi, toi, nous, vous

    Je ne comprends pas cette phrase, explique-la-moi.

2　不規則動詞（4）pouvoir, vouloir, voir の直説法現在形

pouvoir「できる」

je peux	nous pouvons
tu peux	vous pouvez
il/elle peut	ils/elles peuvent

pouvoir + 動詞の原形で「～ができる」

Je peux nager pendant des heures.

Pouvez-vous appeler un taxi ?

vouloir「のぞむ」

je veux	nous voulons
tu veux	vous voulez
il/elle veut	ils/elles veulent

vouloir + 名詞・動詞の原形で「～をのぞむ」

Tu veux un peu de café ?

Elle ne veut pas rester ici.

- Je veux の代わりに Je voudrais（第13課）を使うと丁寧な言い方になります.

    Je voudrais réserver une chambre pour ce soir.

voir「見る」,「会う」,「分かる」

je vois	nous voyons
tu vois	vous voyez
il/elle voit	ils/elles voient

Vous voyez la maison là-bas ?

Je vois un médecin demain.

Exercices

1 次の文章に補語人称代名詞を使って肯定文と否定文で答えましょう.

1) Tu écoutes la radio tous les jours ?

2) Est-ce qu'elle ressemble à sa sœur ?

3) Vous écrivez à vos parents ?

4) Est-ce que vous pouvez apporter ce bouquet de fleurs à Marie ?

5) Vous n'aimez pas les chansons de Barbara ?

2 カッコに pouvoir か vouloir のどちらかの動詞を適切な形にして入れましょう.

1) Vous (　　　　) partir quand vous (　　　　).

2) Maman, on (　　　　) jouer dans le jardin ?

3) Tu (　　　) du café ?

4) Je ne (　　　　) venir demain parce que je travaille.

5) Quand on (　　　　), on (　　　　) !

3 次の曲は Barbara の「リヨン駅」*Gare de Lyon* です. 以下の設問に答えましょう.

Gare de Lyon	リヨン駅
Je te téléphone,	あなたに電話する
Près du métro Rome,	メトロのローマ駅の近くで
Paris sous la pluie,	雨のパリは
Me lasse et m'ennuie,	うんざりで、退屈
La Seine est plus grise,	セーヌ河はとても灰色
Que la Tamise,	テムズ川よりも
Ce ciel de brouillard,	霧がかった空は
Me fout le cafard	わたしの気分を暗くさせる

＊ fout は不規則動詞 foutre「〜にする」の3人称単数形ですが, この動詞は野卑な単語です.

1) 「リヨン駅」の歌詞から COD と COI を抜き出してそれぞれの機能を説明しましょう.

2) 歌詞を参考にしてカッコの動詞を使って以下の日本語をフランス語にしてみましょう.

   a) リヨン駅で電話をくれませんか。(téléphoner)

   b) わたしたちは雨でうんざりしています。(ennuyer)

   c) 三日後にあなたをイタリアにお連れします。(emmener)

Écoutons ! Parlons !

1 音声を聞いて補語人称代名詞を書き取りましょう.　　　　　　　　　　♪ 1-52

1) Je voudrais bien lire ces livres, pas toi ? — Non, je ne veux pas (　　　　　) lire, ils sont trop gros.

2) Vous téléphonez souvent à vos parents ? — Non, je ne (　　　　) téléphone pas souvent.

3) Le voisin veut nous emprunter la voiture. — Pas question ! Je ne veux pas (　　　) (　　　　) prêter.

4) Je voudrais écrire une carte d'anniversaire à Pierre. — Tu veux (　　　　　) (　　　　　) envoyer quand ?

5) Le chat veut manger les restes du poisson de midi. — Donne-(　　　　)-(　　　　) !

2 **1** の表現を参考にして下の単語・語句を使って隣のひとと練習をしましょう. ♪ 1-53

> acheter, écrire, envoyer, offrir, un cadeau, une carte,
> un message, l'anniversaire, ton ami(e), la, le, lui, leur

PARIS et BARBARA　**7**　　　　　　映画

映画 cinéma はパリで初めて有料上映されました. 1895年12月28日, キャプシーヌ大通り14番14, boulevard des Capucines にあったグラン・カフェの「インドの間」Le Salon indien でのことです. リュミエール兄弟 Auguste et Louis Lumière が33人の客に「工場の出口」など10本の映画を上映しました.

パリにはかつてたくさんの映画館がありましたが, 1946年から1995年の間に70%の映画館が閉館してしまいました. その一方でシネマ・コンプレックスが増えて, 映画館数の割にはスクリーンが多く, 2021年では75館の映画館に対して389幕のスクリーンで映画が上映されています. 1908年のパリ・ガイドブック『パリ・ディアマン』*Paris-Diamant* には「映画館」cinématographes として13館のア

（シネマ・デュ・パンテオン）

ドレスが載っていますが, その中で現在も同じ場所で上映しているのはシネマ・デュ・パンテオン Cinéma du Panthéon (13, rue Victor Cousin) だけです.

バルバラは「我が友フランツ／海辺のふたり」と「愛と同じくらい遠く」*Aussi loin que l'amour* (1971), そして「めずらしい鳥」*L'Oiseau rare* (1973) の3本の映画に出演していますが, いずれも日本では公開されていません. マチュー・アマルリック Mathieu Amalric 監督の「バルバラ　セーヌの黒いバラ」はジャンヌ・バリバール Jeanne Balibar がバルバラを演じながらバルバラに取り込まれていく姿を当時のバルバラの映像を交えながら魅力的に描いています.

Leçon 8

パリ北駅

過去の表現 1

Dialogue ♪ 2-01

♪ Pierre と Kaoru がパリ北駅からブリュッセルに向かう.

Pierre : Dépêchons-nous ! On n'a pas le temps. Le train est là !

Kaoru : Ouf, on a pu monter dans le train finalement, mais je n'ai pas entendu l'annonce quand il est parti !

Pierre : Moi non plus. En France, on n'annonce pas toujours le départ des trains ...

Kaoru : Tu as déjà pris le train pour aller à Bruxelles ?

Pierre : Oui, on met une heure et demie, ce n'est pas très loin.

＊moi non plus 私も〜ない

(パリ北駅)

> **Les transports　乗り物** ♪ 2-02

à pied　徒歩で	à vélo　自転車で	à moto　バイクで
en voiture　車で	en train　電車で	en tram(way)　路面電車で
en métro　地下鉄で	en bus　バスで	en taxi　タクシーで
en bateau　船で	en avion　飛行機で	par avion　航空便で

Grammaire

1 直説法複合過去形

regarder		aller	
j'ai regardé	nous avons regardé	je suis allé(e)	nous sommes allé(e)s
tu as regardé	vous avez regardé	tu es allé(e)	vous êtes allé(e)(s)
il a regardé	ils ont regardé	il est allé	ils sont allés
elle a regardé	elles ont regardé	elle est allée	elles sont allées

- 完了した過去の行為を表し，助動詞 avoir（または être）+ 過去分詞で表現します．

   J'ai rencontré Sophie dans un restaurant hier soir.

- 多くの動詞の助動詞は avoir ですが，「移動」を意味する次のような自動詞では être を使います．

   aller, venir, entrer, sortir, arriver, partir, monter, descendre, naître, mourir, rester, tomber

   Elle est arrivée il y a une heure.

- 過去分詞は第一群規則動詞では -er を取って -é，第二群規則動詞では -ir を取って -i，不規則動詞はそれぞれの形を持ちます．

danser → dansé	finir → fini	partir → parti	avoir → eu
faire → fait	pouvoir → pu	prendre → pris	mettre → mis

- 助動詞が être の場合，過去分詞は主語の性・数に一致します．

   Elle est sortie ?   Vous êtes né(e)(s) au mois d'avril ?

- 直接目的補語 COD が過去分詞よりも前にある場合は，過去分詞は直接目的補語の性・数に一致します．

   Tu as vu Barbara ? — Non, je ne l'ai pas vue.

- 代名動詞では再帰代名詞が直接目的補語の働きをしている場合に，過去分詞は再帰代名詞の性・数に一致します．

   Nous nous sommes rencontré(e)s sur la plage.   Elles se sont téléphoné hier soir.

2 不規則動詞（5）prendre と mettre の直説法現在形

prendre「取る」		mettre「おく」，「費やす」	
je prends	nous prenons	je mets	nous mettons
tu prends	vous prenez	tu mets	vous mettez
il/elle prend	ils/elles prennent	il/elle met	ils/elles mettent

Je prends le bus tous les jours.

Qu'est-ce que vous prenez comme dessert ?

J'ai pris, tu sais, le petit sentier.

Elle met toujours un chapeau pour sortir.

Tu mets combien de temps pour aller à la fac ?

Mettez vos livres dans votre sac.

Exercices

1 複合過去形の文章にしましょう.

1) Qu'est-ce que tu fais ce week-end ? — Je vais au cinéma avec Kaoru.

2) L'avion atterrit et les voyageurs se lèvent pour sortir.

3) Vous voyez souvent vos amis pendant les vacances ? — Non, on ne se voit pas beaucoup !

4) Tu peux lui demander son adresse ? — Oui, je la lui demande cet après-midi.

5) Napoléon naît sur une île et passe sa vie sur le continent, puis meurt sur une autre île.

2 カッコに prendre か mettre のどちらかの動詞を適切な形にして入れましょう.

1) (　　　　) ton temps, je ne suis pas pressé !

2) Tu (　　　　) ces vieux papiers à la poubelle ?

3) Où est-ce qu'on (　　　　) le bus ?

4) Il fait froid, (　　　　) le chauffage.

5) Est-ce que vous (　　　　) du café le matin ?

3 カッコの不規則動詞を使って以下の日本語をフランス語にしましょう.

1) ベルギーのワッフル (les gaufres) 食べたことある?　— いいや.
   — じゃあこのカフェに行きましょう. (connaître / aller)

2) ビール博物館 (le Musée de la Bière) までどれくらいかかりますか?　— 歩いて10分です.
   (falloir)

3) かおる、この週末は何をしたの?　— 友だちとマチス展 (l'exposition Matisse) を見に行ったわ.
   来週はカルナヴァレ美術館 (le Musée Carnavalet) に行きませんか. (faire / voir / venir)

4) 今晩は何を食べましょうか?　— 寒いからオニオン・スープ (une soupe à l'oignon) にしよう.
   (aller / prendre)

5) ピエール、今日は何が見たいの?　— わからない.　— ゴダール (Godard) の新作はどう?
   — それ先週見たよ. (voir / savoir)

Écoutons ! Parlons !

1 音声を聞き下の単語を参考にしてカッコの単語を書き取りましょう. ♪ 2-05

Elle (　　　　) à sept heures hier. Elle (　　　　). Elle (　　　　) le petit déjeuner à huit heures. Elle (　　　　) pour la fac à vélo. Elle (　　　　) vers neuf heures moins le quart. Elle (　　　　) à trois cours. Elle (　　　　) la fac vers dix-sept heures. Elle (　　　　) une amie. Elles (　　　　) dehors. Elle (　　　　) chez elle en taxi. Elle (　　　　) un peu tard.

> arriver, assister, dîner, partir, prendre, quitter, rencontrer,
> rentrer, se coucher, s'habiller, se lever

2 上の表現を使って自分のことを隣のひとに話しましょう.

PARIS et BARBARA　8　　　　　　　パリの駅

　フランスで初めて汽車が走ったのは 1827 年，サン・テティエンヌ Saint-Étienne とアンドレズィユ Andrézieux の間です. パリに鉄道が通ったのは 1837 年. 西部鉄道がパリ（現在のユーロップ広場 Place de l'Europe 辺り）とサン・ジェルマン・アン・レー Saint-Germain-en-Laye（ル・ペック Le Pecq）間の 19km を結びました. 現在パリには主要な鉄道駅として，サン・ラザール駅，モンパルナス駅，北駅，東駅，リヨン駅，オステルリッツ駅の六つがあります. 最も古いのはサン・ラザール駅で，開業は 1837 年です. その駅舎をクロード・モネ Claude Monet が印象的な絵に描いています. 北駅ができたのは 1846 年で，3 年後には東駅とリヨン駅ができます. オステルリッツ駅は 1840 年に「オルレアン駅」として作られ，今のオルセー美術館の場所まで延長されて 1900 年に「オルセー駅」となりますが，ホームが地階であることや第二次対戦中にドイツ軍に使用されたこともあって，1986 年に美術館に変貌します.

　鉄道は急速に発展し，19 世紀中頃にはパリから放射線状に広がり，1880 年にはフランス全土に鉄道網ができます. パリの駅はいずれも終着駅で，行き先でどの駅を利用するかが決まります. フランス東部とドイツ方面なら東駅，スイスやイタリアに行くならリヨン駅ということになります. バルバラが父危篤の報を受けて乗った列車はナント方面に行くモンパルナス駅から出たはずです. そして彼女が有名になる前にブリュッセルに向かったのは北駅からでした.

（パリのリヨン駅構内）

Leçon 9

カルナヴァレ美術館

過去の表現 2

Dialogue ♪ 2-06

♪ Kaoru がカルナヴァレ美術館に行く.

Kaoru : Bonjour, je vous dois combien ?

La réceptionniste : Ce musée est gratuit, Mademoiselle. Vous n'avez pas besoin de payer.

Kaoru : Ah bon ? À propos, on m'a dit qu'on pouvait voir les enseignes de Paris ici.

La réceptionniste : Ah oui, les enseignes ... autrefois, il y avait beaucoup d'enseignes dans les rues de Paris. C'est là-bas, vous allez tout droit et vous tournez à gauche.

Kaoru : D'accord. Merci beaucoup, Madame.

La réceptionniste : Je vous en prie. Bonne visite !

（カルナヴァレ美術館「看板」の間）

Les beaux-arts 美術 ♪ 2-07

un atelier アトリエ	un cadre 額縁	une couleur 色
un dessin デッサン	une exposition 展覧会	une image イマージュ
un musée 美術館	une nature morte 静物	un paysage 風景画
un peintre 画家	une peinture 絵	un tableau 絵画

Grammaire

♪ 2-08

1 直説法半過去形

直説法半過去形の活用語尾

je -ais	nous -ions
tu -ais	vous -iez
il/elle -ait	ils/elles -aient

habiter		**avoir**		**être**	
j'habitais	nous habitions	j'avais	nous avions	j'étais	nous étions
tu habitais	vous habitiez	tu avais	vous aviez	tu étais	vous étiez
il habitait	ils habitaient	il avait	ils avaient	il était	ils étaient
elle habitait	elles habitaient	elle avait	elles avaient	elle était	elles étaient

- 過去の状態，習慣など過去における未完了の出来事を表します.

    Ils avaient tous deux vingt ans.

    Quand elle est arrivée, on finissait de dîner.

- 語幹は現在形 1 人称複数の語幹と同じで，例外は être の場合だけです.

    Hier soir, je vous ai téléphoné mais vous n'étiez pas là.

- 半過去形は「進行中の出来事」を表すので明確な期間のある表現と用いることはできません.

    À cette époque, il habitait tout seul.　　Il a vécu dans cet appartement pendant dix ans.

2 直説法大過去形

♪ 2-09

travailler		**partir**	
j'avais travaillé	nous avions travaillé	j'étais parti(e)	nous étions parti(e)s
tu avais travaillé	vous aviez travaillé	tu étais parti(e)	vous étiez parti(e)(s)
il avait travaillé	ils avaient travaillé	il était parti	ils étaient partis
elle avait travaillé	elles avaient travaillé	elle était partie	elles étaient parties

- ある過去の時点からみた過去を表し，avoir，être の半過去形＋過去分詞でつくります.

    Quand elle est arrivée, ils étaient déjà partis.

3 不規則動詞（6）dire と devoir の直説法現在形

♪ 2-10

dire「言う」

je dis	nous disons
tu dis	vous dites
il/elle dit	ils/elles disent

Quand tu dis « viens », je viens.

Qu'est-ce qu'il a dit ?

devoir「負う」,「しなければならない」

je dois	nous devons
tu dois	vous devez
il/elle doit	ils/elles doivent

Je dois mille euros à Jean-Claude.

Qu'est-ce que je dois faire ?

- devoir + 動詞の原形で「〜しなければならない」,「〜に違いない」.

    Tu ne dois pas dire ça.　　Il doit être malade.

Exercices

1 カッコの動詞を適切な半過去形にしましょう.

1) La lumière (être) froide et blanche.

2) Quand j'(être) jeune, je n'(avoir) pas de patience.

3) Quand vous (habiter) au Japon, vous (finir) votre travail à quelle heure ?

4) Avant, dans cette région, il ne (neiger) jamais.

5) Quelques étoiles (briller) dans le ciel et la lune (commencer) à éclairer le paysage.

2 半過去形か大過去形のどちらかの適切な時制にしましょう. 大過去形では副詞の位置が変わることがあります.

1) En 1998, nous (habiter) à Lyon, mais avant, nous (vivre) longtemps à Marseille.

2) Quand j'ai vu mon amie hier soir, elle (être) contente parce qu'elle (obtenir) sa carte de séjour le matin.

3) Quand elle (être) petite, Aki (jouer) déjà très bien du piano parce qu'on lui (acheter) un piano pour ses cinq ans.

4) Elle (être) encore là quand tu es arrivé ? — Non, elle (partir) déjà.

5) Il (être) ivre parce qu'il (boire) toute la soirée.

3 カッコに dire か devoir のどちらかの動詞を適切な形にして入れましょう.

1) Elle (   ) toujours la vérité.

2) Je (   ) rentrer tout de suite.

3) Il a quitté la maison sans rien (   ).

4) Vous (   ) vous tromper.

5) Combien je vous (   ) ?

4 次の曲は Barbara の「子どもの頃」 *Mon enfance* です. 複合過去形, 半過去形と大過去形の動詞を抜き出して原形にしましょう.

Mon enfance	子どもの頃
J'ai eu tort, je suis revenue	間違いだった, 戻ってきたのは
Dans cette ville, au loin, perdue	遠く, 失われたこの街に
Où j'avais passé mon enfance	わたしが子どもの頃を過ごしたところに
J'ai eu tort, j'ai voulu revoir	間違いだった, もう一度見たいと思ったのは
Le coteau où glissait le soir	青く灰色の夜に
Bleu et gris, ombre de silence	静寂の影が滑りこんでいたあの丘を

Écoutons ! Parlons !

① 音声を聞き「私」が男性か女性かに注意してカッコの動詞を書き取りましょう．♪ 2-11

À dix heures cinquante, mon train (　　　　) en gare. Il (　　　　) dix minutes de retard.
Tous les voyageurs (　　　　) déjà debout, ils (　　　　) sortir du train très vite. Moi, je
(　　　　) assise, car Marie et Olivier (　　　　) déjà être sur le quai pour m'accueillir. Je
(　　　　) et j'(　　　　) jusqu'au bout du quai. Là, beaucoup de gens (　　　　), et derrière
eux, Marie et Olivier me (　　　　). Je les (　　　　). J'(　　　　) vers eux.

② カッコの表現を参考にして自分の「子どもの頃」を隣のひとに話しましょう． ♪ 2-12

Quand j'étais enfant, (plonger dans la mer, cueillir des fraises des bois, construire des cabanes)

Quand j'étais petit(e), (nager dans la rivière, faire des batailles de boules de neige, jouer aux cartes)

PARIS et BARBARA ⑨ — カルナヴァレ美術館

　パリには大小さまざま 128 の美術館と博物館があります．最も早く 1793 年に開館したルーブル美術館，駅が美術館になったオルセー美術館，そしてポンピドゥー・センターにある国立近代美術館 Musée national d'Art moderne はことに有名です．いずれも国立の美術館で，収蔵品も 1848 年の 2 月革命前後までの作品はルーブル美術館，これ以降第一次大戦が勃発する 1914 年前後までをオルセー美術館，その後の作品は国立近代美術館に収められています．

　カルナヴァレ美術館は先史時代から現代までのパリの歴史資料をコレクションするパリ市立の美術館です．「カルナヴァレ」Carnavalet は 16 世紀にこの建物を所有していた「ケルヌヴノワ夫人」Madame de Kernevenoy の名から付けられたようです．17 世紀には『往復書簡』で有名なセヴィニエ夫人 Madame de Sévigné もこのルネサンス様式の館に住みました．カルナヴァレ美術館は 4 年の工事を終えて 2021 年に新たにオープンしました．コレクションの数ではルーブル美術館よりも多い 625,000 点を数えますが，そのうち 3,800 点が常設展示されています．海運都市パリを思わせる新石器時代の「丸木舟」pirogue monoxyle を始め，バスティーユ牢獄の石で作った「バスティーユ」la Bastille，ル・バルビエ Le Barbier が描いた『人権宣言』，再現された「プルーストの部屋」la chambre de Proust などを無料で見ることができます．Kaoru が尋ねた「看板」enseigne は，パリの通りに番地がなかった頃に建物の目印となっていました．

（カルナヴァレ美術館の「プルーストの部屋」）

Leçon 10

ビル・アケム橋を渡るメトロ

未来の表現

Dialogue ♪ 2-13

♪ Kaoru と Pierre がエトワール広場からメトロ 6 番線に乗る.

Pierre : Kaoru, dans cinq minutes, le métro traversera la Seine. On verra la tour Eiffel.

Kaoru : Ah bon ! Le métro n'est pas entièrement souterrain ?

Pierre : Non, pas entièrement. On peut voir Paris depuis le métro parce qu'il circule en extérieur sur la moitié de la ligne 6.

Kaoru : Super !

（メトロ 6 番線から見たエッフェル塔）

> ### Prendre le métro　メトロに乗る ♪ 2-14

la banlieue de Paris　パリ郊外　　un billet　切符　　une direction　方向

un horaire　時刻表　　un itinéraire　旅程（案内）　　une ligne　路線

un plan　地図　　un point de vente　販売所　　une sortie　出口

une station　（メトロの）駅　　un passe Navigo　ナヴィゴ（IC カード乗車券）

le RER　RER 高速鉄道網

41

Grammaire

1 | **直説法単純未来形** ♪ 2-15

直説法単純未来形の活用語尾

je -rai	nous -rons
tu -ras	vous -rez
il/elle -ra	ils/elles -ront

visiter

je visiterai	nous visiterons
tu visiteras	vous visiterez
il/elle visitera	ils/elles visiteront

faire

je ferai	nous ferons
tu feras	vous ferez
il/elle fera	ils/elles feront

- 未来の行為や出来事を表します.

   Je visiterai le musée du Louvre demain matin.　　Il arrivera le mois prochain.

- 第一群規則動詞 -er 型と第二群規則動詞 -ir 型の単純未来形は，原形に avoir の直説法現在形に似た活用語尾を付けてつくりますが，不規則動詞では語幹が変わるものもあります.

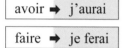 avoir ➡ j'aurai　　　être ➡ je serai　　　aller ➡ j'irai

 faire ➡ je ferai　　　voir ➡ je verrai　　　venir ➡ je viendrai

- 2 人称では確認を求める軽い命令を表すことができます.

   Tu resteras à la maison ce week-end !

2 | **不規則動詞 (7) sortir と partir の直説法現在形** ♪ 2-16

sortir「(外に) 出る」

je sors	nous sortons
tu sors	vous sortez
il/elle sort	ils/elles sortent

Je sors prendre l'air.

On peut sortir si tu veux ?

Elle est sortie avec ses amis.

partir「出発する」

je pars	nous partons
tu pars	vous partez
il/elle part	ils/elles partent

Il part pour la France.

Nous partirons ensemble vers un nouveau printemps.

1 カッコの動詞を適切な単純未来形にしましょう.

1) Elle (publier) prochainement un nouveau roman.

2) Est-ce que vous (se voir) cet été ?

3) Il (pleuvoir) pendant tout le week-end.

4) Tu (être) sage ? —Oui, c'est promis !

5) Après le bac, je (faire) des études de médecine et je (travailler) pour Médecins Sans Frontières.

2 次の曲は Barbara の「九月（なんて素敵な季節）」 *Septembre (Quel joli temps)* の最後の部分です. 以下の設問に答えましょう.

Quel joli temps, mon amour, au revoir,
Quel joli temps pour jouer ses vingt ans
Sur la fumée des cigarettes
L'amour nous reviendra peut-être
Peut-être un soir, au détour d'un printemps
Ah quel joli temps, le temps de se revoir

Jamais les fleurs de mai n'auront paru si belles
Les vignes de l'année auront de beaux raisins
Quand tu me reviendras, avec les hirondelles
Car tu me reviendras, mon amour, à demain ...

なんて素敵な季節，わたしの愛，さようなら
なんて素敵な季節，二十歳のお祝いには
煙草の煙の上で
愛はきっとわたしたちに戻ってくる
きっと，春の終わりのある宵に
なんて素敵な季節，また会えるとき

五月の花がこれほど美しいのは初めて

1) 単純未来形の動詞をすべて抜き出して原形にしましょう.

2) 次の主語を変えて動詞を活用させましょう.

    a) Ils auront   → j'   → nous

    b) Tu reviendras   → je   → vous

    c) Nous reverrons   → je   → tu

3) 最後の三行を日本語に訳してみましょう.

3 複合過去形は単純未来形に，単純未来形は複合過去形にしましょう.

1) Vous prendrez vos vacances en juillet ?

2) Il est arrivé et il a dit bonjour à tout le monde.

3) Nous ferons la connaissance de Benoît vendredi.

4) Elle ne viendra pas à son rendez-vous.

5) On est sortis quand le soleil est revenu.

Écoutons ! Parlons !

1 音声を聞き時制に注意してカッコの単語を書き取りましょう.　　　　♪ 2-17

Xavier (　　) à l'hôpital. Il (　　) un accident de moto il y a deux jours. Ce n'est pas grave,
mais il (　　) hospitalisé pour une semaine. Il (　　) chez lui dans huit jours.

2 次の文にならって，自分のことを過去形，現在形，未来形で隣のひとに話しましょう.

♪ 2-18

*Kaoru est arrivée à Paris il y a huit mois. Maintenant elle étudie à l'Université.
Elle rentrera au Japon dans trois mois.*

PARIS et BARBARA　10　　　　　　　メトロ

　パリのメトロ métro は 1900 年パリ万博に合わせて開通しました. 現在は, 最も古い 1
番線から 14 番線までの 16 路線があります. 路線総延長は 226.9km, 308 の駅 station が
あります. メトロがパリの市中を抜くように走るのに対して, 2006 年に登場したトラム
tramway（路面電車）はパリ周辺で十一のメトロの路線を環状線のように繋ぎ, さらに郊
外まで延びています.

　メトロの切符「ティケ」ticket t+ は, トラムやバスと共通で, パリ市内ならどこまで
乗っても均一の料金です. 6 番線はパリ南部を環状線のように走り, 北部をぐるりと回る
2 番線とエトワール駅 Charles de Gaulle - Étoile とナシヨン駅 Nation で繋がっています.
この二つの路線は高架が多いのでメトロに乗りながらパリの景色を楽しむことができます.
中でも 6 番線のパッシー駅 Passy からビル・アケム橋を通ってパスツール駅 Pasteur で地
下に潜るまでの区間は景色が良いのでお勧めです.

　2022 年パリのメトロ 4 番線に新駅バルバラ Barbara ができました. 4 番線は長らくオル
レアン門駅 Porte d'Orléans まででしたが, 2013 年
にモンルージュ市役所駅 Mairie de Montrouge まで
伸びて, 更にその先にできたのがバルバラ駅です.
駅南口からほど近いところにバラバラが眠るバ
ニュー墓地があります（第 15 課）. この駅名「バル
バラ」は 2018 年にモンルージュ市が行った 30,000
人による投票で三つの候補の中から選ばれました.
バルバラは 1997 年 11 月 24 日に亡くなりますが,
20 年経ってもその人気は衰えません.

（メトロ 4 番線　バルバラ駅南口）

Leçon **11**

サン・マルタン運河

𝕯𝖎𝖆𝖑𝖔𝖌𝖚𝖊 ♪ 2-19

♪ Kaoru と Pierre がサン・マルタン運河を歩く.

Pierre : Oh, regarde, il y a un bateau qui remonte le canal. Il vient de la Seine.

Kaoru : C'est joli, ici. Ça sent l'automne.

Pierre : Tu sais, on dit que Barbara a beaucoup chanté l'automne.

Kaoru : Ah bon ! Est-ce qu'elle a chanté aussi l'automne du Canal Saint-Martin ?

Pierre : Oui, il y a une chanson qui s'appelle *Gueule de nuit.*

(サン・マルタン運河を上る船)

⟨ Les fleuves et les bateaux 川と船 ⟩ ♪ 2-20

un bateau 船	un bateau-mouche 遊覧船	un canal 運河
un fleuve 大河	un navire （大型）船	une péniche 運搬船
une plage 水辺	un pont 橋 un port 港	un quai 河岸
une rivière 川	un ruisseau 小川	un yacht ヨット

Grammaire

1 　関係詞

- 先行詞となる名詞で文をつなぎ，その名詞を関係詞節の中で説明します.
- **qui** の先行詞は関係詞節の中で主語になります.

    Il y a quelqu'un qui sonne à la porte.
- **que** の先行詞は関係詞節の中で直接目的補語になります.

    Car il y a des gens que j'aime à Göttingen.
- **dont** の先行詞は関係詞節の中で前置詞 de + 先行詞の形で結ばれます.

    Je connais la boutique dont elle a parlé.
- 場所を尋ねる疑問詞としても用いられる **où** の先行詞は関係詞節の中で場所や時を表します.

    D'où venez-vous, où allez-vous ?

    Je n'aime pas les cafés où on fume.

    Je n'oublierai jamais le jour où je l'ai rencontrée.

2 　強調構文

- 強調する内容が主語なら **c'est ～ qui**，主語以外を強調する場合は **c'est ～ que** で表現します.

    C'est moi qui t'aime. （Je t'aime. の主語 « je » を強調）

    C'est toi que j'aime. （Je t'aime. の直接目的補語 « tu » を強調）

    C'est là que j'ai compris tout à coup.

3 　話法（直接話法から間接話法へ）

- 主節が過去時制の時は時制が一致して従属節の動詞が影響を受けます.

    Kaoru dit : « J'aime le cinéma. »　→　Kaoru dit qu'elle aime le cinéma.

    Pierre a dit : « J'aime le cinéma. »　→　Pierre a dit qu'il aimait le cinéma.
- 疑問詞が接続詞となって従属節を導きます. 疑問詞のない場合は **si** で導きます.

    Il lui a demandé : « Quand est-ce que tu es arrivée ? »

    　→　Il lui a demandé quand elle était arrivée.

    Je lui ai demandé : « Vous êtes français ? »　→　Je lui ai demandé s'il était français.
- 命令文の場合は de + 動詞の原形に置き換えられます.

    Elle a dit à son fils : « Donne-moi la main. »　→　Elle lui a dit de lui donner la main.

    Il a dit à sa fille : « Ne rentre pas trop tard. »　→　Il lui a dit de ne pas rentrer trop tard.

Exercices

1 適切な関係詞を入れましょう.

1) Ils étaient importants, ces papiers (　　　　　) tu as perdus ?

2) Qui est cette femme (　　　　) marche dans la rue ?

3) Kyoto est la ville (　　　　) il a passé sa jeunesse.

4) Je ne trouve plus le dictionnaire (　　　　) j'ai besoin.

5) Il s'est arrêté de parler au moment (　　　　) elle l'a regardé.

2 次の文と同じ内容を説明する文をカッコの動詞と関係詞を使ってつくりましょう.

Le Maroc ? Je connais bien ce pays. J'y suis né. Je garde beaucoup de bons souvenirs de ce pays. Il est toujours dans mon cœur.

1) Le Maroc, c'est un pays　　(connaître)

2) Le Maroc, c'est le pays .... (naître)

3) Le Maroc, c'est un pays ... (garder)

4) Le Maroc, c'est un pays ... (être)

3 関係詞を使って以下の二つの文を一つの文に書き換えましょう.

1) J'ai reçu une lettre. Elle n'était pas pour moi.

2) Je ne veux pas vivre à Tokyo. Je ne connais personne à Tokyo.

3) Nous lisons des livres. Tu nous les as conseillés.

4) Tu n'oublieras jamais le moment. Il t'a dit « Je t'aime » à ce moment-là.

5) Il a regardé un film français. L'acteur principal de ce film était japonais.

4 直接話法を含む文を間接話法の文に書き換えましょう.

1) Il me dit : « Tu as eu de la chance ! »

2) Elle m'a dit : « Je n'ai pas de cours. »

3) Le professeur me demande : « Est-ce que tu as bien compris ? »

4) Une dame m'a demandé : « Où est le métro ? »

5) Il nous a dit : « Entrez ! »

Écoutons ! Parlons !

1 以下は辞書のような単語の「定義」définition です．音声を聞いて関係詞に注意して単語を書き取りましょう． ♪ 2-24

1) une (　　　　) : c'est une femme (　　　　　　　) chante, professionnellement ou non.

2) un (　　　　) : c'est un véhicule (　　　　　) a deux roues de diamètre égal et (　　　　　) sert à se déplacer.

3) un secret : c'est une chose (　　　　　) ne faut dire à personne.

4) l'égalité : c'est une situation (　　　　　) s'applique à tout le monde dans les mêmes conditions, (　　　　) offre les mêmes (　　　　　) à tous.

2 関係詞を使って次の語を「定義」して隣のひとに言ってみましょう． ♪ 2-25

ノート un cahier　　　　大学 une université　　　　窓 une fenêtre
パソコン un ordinateur　　傘 un parapluie　　　　　空気 l'air

PARIS et BARBARA　**11**　　セーヌ川と運河

　そう，バラバラには一曲だけサン・マルタン運河を歌った曲があります．「夜の顔」*Gueule de nuit* です．「秋を見たい / 朝早く / 空が驚く時 / サン・マルタン運河の上で」Je voudrais voir l'automne / Dans le petit matin / Quand le ciel s'étonne / Sur le canal Saint-Martin. まさに「秋」の歌です．「秋の歌」といえば詩人ヴェルレーヌが思い浮かびます．第2課で触れたように「ゲッチンゲン」でこの詩人の名が出てきますが，ヴェルレーヌはバルバラの歌に最も多く歌われる詩人で，「孤独」*La Solitude*,「ほらほら」*Hop-Là*,「アブサン」*L'Absinthe* にも登場します．ランボー Rimbaud はヴェルレーヌと一緒に「孤独」と「アブサン」に出てきますが，ボードレール Baudelaire やマラルメ Mallarmé はバルバラの曲には出てきません．

　サン・マルタン運河は，ラ・ヴィレット貯水池を経由して運河となったウルク川 l'Ourcq とセーヌ川のアルスナル港 port de l'Arsenal を 1825 年に結びました．運河には 25m の高低差を調整するため九つの閘門があります．アルスナル港の北は暗渠になっているので，バスティーユ広場の下からトンネルに入り，トンネルを出ると少しずつ高さを稼いでいきます．

　バルバラの「アブサン」,「ゲッチンゲン」そして「クリスマスおめでとう」*Joyeux Noël* にも出て来るセーヌ川は，全長 755km の大河です．水源は 470m とそれほど高くなく，河口から海抜 26m のパリまでは 240km ですから，1km で 10cm とゆっくり流れます．

(セーヌ川にかかるパリの最も古い橋
ポン・ヌフ Pont Neuf)

Leçon 12

モンマルトル

説明する 2

Dialogue ♪ 2-26

♪ Kaoru と Pierre がコタン小路を見上げる.

Kaoru : C'est l'impasse Cotin, non ?

Pierre : Oui, c'est ça. Cette impasse a été peinte par Utrillo au début du XXème siècle.

Kaoru : Elle a beaucoup changé, mais c'est bien joli tout de même !

Pierre : En prenant cet escalier, on arrivera juste à côté du Sacré-Cœur. Il y a toujours beaucoup de monde là-bas.

Kaoru : Oui, sûrement, mais ici c'est très calme.

Pierre : Bon, on y va ?

（ユトリロ「コタン小路」フランス国立近代美術館蔵）
Photo © Centre Pompidou, MNAM-CCI, Dist.
RMN-Grand Palais / Jean-François Tomasian / distributed by AMF

（コタン小路）

> **La ville　街** ♪ 2-27

une allée 小径	une avenue 並木大通り	un boulevard 大通り
un carrefour 交差点	un feu 信号機	une impasse 袋小路
un panneau 看板	un parking 駐車場	un passage パッサージュ
un passage piéton 横断歩道	un périphérique 外環状道路	une place 広場
un rond-point ロータリー	une rue 通り	un trottoir 歩道

Grammaire

---

1 現在分詞   ♪ 2-28

- 直説法現在 1 人称複数形の語幹に **-ant** を付けてつくられますが，être や avoir など特別な形を持つ動詞があります.
- 現在分詞は形容詞のように名詞を説明したり，属詞になります. 現在分詞は形容詞とは違って性・数の一致はありません.

    Les animaux vivant en captivité, ça me rend triste.

    J'ai aperçu Albertine sortant du marché.

- 現在分詞で理由を述べる場合には現在分詞を先にします.

    Étant malade, elle ne peut pas sortir.

- ジェロンディフは **en** + 現在分詞でつくられ，主節の主語を修飾して，同時性，条件などの意味を表します.

    J'ai aperçu Albertine en sortant du marché.

    Et j'ai refermé la porte en murmurant votre nom.

---

2 受動態   ♪ 2-29

- 助動詞 être + 過去分詞でつくられ，動作主は **par** 以下で表されます.

    Monsieur Dupont est demandé à l'accueil.

- 過去分詞は主語の性・数に一致します.

    Les panneaux publicitaires ont été détruits par les manifestants.

- 状態を表す動詞が受動態で用いられた場合は動作主を **de** で導く場合があります.

    Cette chanteuse est inconnue du grand public.

- se faire + 動詞の原形でも受動的な意味をつくります.

    Elle s'est fait voler son sac. (= Son sac a été volé.)

---

3 中性代名詞 en と y   ♪ 2-30

- **en** は de + 名詞や不特定の名詞を受けます.

    Il vient de la poste ? — Oui, il en vient.

    Tu as besoin de la voiture ? — Non, je n'en ai pas besoin.

    Il aime les pommes. Il en mange tous les jours.

- **y** は à + 名詞や場所を受けます.

    Tu penses un peu à ton avenir ? — Oui, j'y pense.

    Elle habite à Hiroshima ? — Non, mais ses parents y habitent.

- 中性代名詞には先行する文や内容，属詞，動詞を受ける **le** があります.

    Pierre aime Kaoru, mais elle ne le sait pas encore.

Exercices

1 受動態の文章に書き換えましょう.

1) Ses collègues aiment Fatima.

2) On a annulé le match.

3) L'assurance va tout rembourser.

4) La police l'a interrogée.

5) Elle s'est fait soigner en Italie.

2 現在分詞あるいはジェロンディフを使った文に書き換えましょう. 動詞の位置が変わることがあります.

1) Je cherche un livre qui se lit facilement.

2) Si vous prenez un taxi, vous arriverez à temps à la gare.

3) Je l'ai vue qui traversait la rue.

4) Je ne pars pas en vacances, je n'ai pas d'argent.

5) Si on y réfléchit bien, ce n'est pas si difficile.

3 カッコに中性代名詞の en か y どちらかを入れて日本語に訳しましょう.

1) Vous voulez des tomates ? — Oui, j'(   ) prends deux kilos.

2) Tu es passé à la poste ? — Oui, j'(   ) suis allé ce matin.

3) Ils font souvent du ski ? — Oui, ils (   ) font tous les hivers.

4) Ils s'intéressent à ce nouveau projet ? — Non, ils ne s'(   ) intéressent pas du tout.

5) Tu as de l'argent sur toi ? — Non, je n'(   ) ai pas.

4 カッコの単語を参考にして次の文章をフランス語にしましょう.

1) 私は歌を歌いながらシャワーを浴びます. (chanter / prendre)

2) この小説はマルグリット・デュラスによって書かれました. (écrire)

3) 彼はとても努力して成功しました. (travailler dur / réussir)

4) これらの絵画はこの一年で全て売れますよ. (vendre)

5) 後から来たお客が給仕されたのに, わたしたちはまだ給仕されていない. (arriver / servir)

51

Écoutons ! Parlons !

❶ 音声を聞き受動態に注意してカッコの単語を書き取りましょう.　　　　♪ 2-31

Un premier texte (　　　　) par l'auteur. Certains mots (　　　　) et des phrases (　　　　)
par l'auteur. Le texte (　　　　) par lui-même. Enfin, le manuscrit (　　　　) par l'écrivain à
un éditeur. Le roman (　　　　) par les lecteurs.

❷ 以下の動詞を現在分詞にして「〜をしながら〜する」の表現をつくって隣のひとに尋ねま
しょう.　　　　♪ 2-32

Est-ce que tu travailles en écoutant de la musique ?

> chanter, écouter, écrire, faire la cuisine, lire, manger, marcher, parler, regarder, travailler

---

PARIS et BARBARA　12

モンマルトル

　コタン小路の急階段を上がるとモンマルトルの丘で有名なサクレ・クール寺院に出ます. サクレ・クールは 19 世紀に着工された比較的新しい寺院ですが, その隣にはパリで最も古い教会の一つサン・ピエール教会があります. この教会横の墓地 Cimetière du Calvaire の標高が 130m で, ここがパリの「最高峰」です.

　サクレ・クール寺院へは 222 段の階段を上る代わりに可愛いケーブルカー Funiculaire de Montmartre で登ってもいいでしょう. 1 分 30 秒の短い乗車ですが, メトロ・バスの「ティケ」が使えます. サクレ・クール寺院玄関前からはパリが一望できる見事な景色が広がります.

(サクレ・クール寺院から見たパリ)

　バルバラは 1958 年 2 月からキャバレー・レクリューズの看板歌手になります. 当時キャバレーはパリ市中に 90 店もあったようです. その頃の名残を感じさせるキャバレーが, モンマルトルに唯一残る葡萄畑の前, ソール通り 22 番地 22, rue des Saules にある「ラパン・アジール」です. ユトリロはこのキャバレーも絵にしています.

(モンマルトルのラパン・アジール)

Leçon 13

両親へ

メールを書く

Courriel ♪ 2-33

♪ Kaoru が両親にメールを送る.

Chère Maman, cher Papa,

Si vous saviez combien je suis heureuse de mon séjour en France, vous n'auriez aucune inquiétude. Pensez, si je n'étais pas venue à Paris, je n'aurais pas connu Barbara et je n'aurais pas fait la connaissance de Pierre, mon Pierre. Cette rencontre a changé ma vie. Si je rentrais maintenant au Japon, je ne pourrais plus chanter dans cette langue que j'aime tant, et je raterais peut-être l'occasion de devenir la Barbara du Japon !

Je vous embrasse fort,

Kaoru

> **Écrire un courriel　メールを書く** ♪ 2-34

une adresse mail メールアドレス	amitiés / amicalement 友愛を込めて	
un arobase @ アットマーク	bises ビズ	cher (chère) 親愛なる
un clavier キーボード	cordialement 心を込めて	un courriel 電子メール
un écran スクリーン	un ordinateur パソコン	un point . ドット
un tiret - ハイフン	un tiret bas _ アンダーバー	une touche キー

53

Grammaire

1 条件法現在形 ♪ 2-35

être			pouvoir	
je serais	nous serions		je pourrais	nous pourrions
tu serais	vous seriez		tu pourrais	vous pourriez
il/elle serait	ils/elles seraient		il/elle pourrait	ils/elles pourraient

- 現在や未来の事実に反する仮定の結果や推測，丁寧な表現に用います．
- 語幹は単純未来形と同じで，活用語尾は r + 直説法半過去形です．
    Je voudrais réserver une table pour ce soir.
- 現在や未来の事実に反する仮定は **Si** + 直説法半過去形で表されます．
    S'il faisait beau, nous irions nous baigner.
    Je ferais le tour du monde, si j'étais très riche.
- si で単なる仮定を表すこともできますが，その時は単純未来形は用いません．
    Si vous parlez du bout des lèvres, j'entends très bien du bout du cœur.

2 条件法過去形 ♪ 2-36

être	
j'aurais été	nous aurions été
tu aurais été	vous auriez été
il aurait été	ils auraient été
elle aurait été	elles auraient été

partir	
je serais parti(e)	nous serions parti(e)s
tu serais parti(e)	vous seriez parti(e)(s)
il serait parti	ils seraient partis
elle serait partie	elles seraient parties

- 助動詞（avoir，être）の条件法現在形 + 過去分詞で過去の事実に反する仮定の結果を表します．
- 過去の事実に反する仮定は **Si** + 直説法大過去形で表されます．
    S'il avait fait beau, nous serions allés nous baigner.
    À votre place, j'aurais refusé cette proposition.

Exercices

1 カッコの動詞を適切な形にして条件法を使った文にしましょう.

1) Si tu as le temps demain, j'(aimer) bien te revoir.

2) Si tu m'(oublier), j'aurais été très triste.

3) Si elle n'avait pas autant changé, je la (reconnaître).

4) Si tu étais arrivé plus tôt, il n'y (avoir) pas de problème maintenant !

5) Malheureusement, on n'avait pas le temps hier, sinon on (aller) voir ce film.

2 下線の動詞を条件法にして si を使った事実に反する仮定の文に書き換えましょう.

1) Jeanne a des enfants, elle <u>est</u> heureuse. （条件法現在形で）

2) La vigne ne <u>pousse</u> pas bien ici parce qu'il n'y a pas de soleil. （条件法現在形で）

3) Je <u>veux</u> bien rester encore un peu, mais il est tard. （条件法現在形で）

4) J'ai lu ce livre parce qu'on en a parlé. （条件法過去形で）

5) Vous n'avez pas entendu votre réveil et vous n'<u>êtes</u> pas <u>partis</u> à l'heure.

（条件法過去形で）

3 次の曲は Kaoru が第2課で聞いた Barbara の「ゲッチンゲン」*Göttingen* の最後の部分です. 以下の設問に答えましょう.

Göttingen	ゲッチンゲン
Et lorsque sonnerait l'alarme	そして，警報が鳴るような時
S'il fallait reprendre les armes	再び武器を取らなければならないなら
Mon cœur verserait une larme	わたしの心は涙を流すでしょう
Pour Göttingen, Pour Göttingen.	ゲッチンゲンのために，ゲッチンゲンのために

1) 歌詞から動詞を抜き出してその動詞の法と時制をいいましょう.

2) 次の文章を日本語に訳しましょう.

　　a) Il faudrait trouver un taxi si on veut arriver à l'heure.

　　b) Je voudrais un café, s'il vous plaît.

　　c) Pourrais-tu me prêter ton stylo ?

Écoutons ! Parlons !

1 音声を聞き法と時制に注意してカッコの単語を書き取りましょう.　　　　♪ 2-37

1) Si on m'(　　　) un voyage, j'(　　　) à Tahiti.

2) Si Pierre ne m'aime plus, je (　　　).

3) Si le petit Chaperon rouge (　　　) dans la forêt, elle ne (　　　) pas arriver chez sa grand-mère.

4) Si nous (　　　) au Loto, j'(　　　) une maison.

5) Si elle (　　　) présidente, le pays (　　　) en paix.

2 Kaoru のメールにならって隣のひとに自分の近況を伝えましょう.

PARIS et BARBARA　13　　　　アンガージュマン

　　バルバラが住んだヴィリューヴ通りの家の記念標に反暴力の歌「ペルランパンパン」の一節が刻まれたように，バルバラは「アンガージュマン」engagement（社会参加）の曲も歌っています．その代表が「ゲッチンゲン」です．バルバラは 1964 年秋頃から大ブレイクしてフランス歌謡界のスターになりますが，その少し前の 7 月にゲッチンゲンの「ユンゲス・シアター」Junges Theater に呼ばれます，しかし会場にグランド・ピアノが準備されていませんでした．この窮地を救ってくれたのは 10 人のドイツ人学生で，彼らが近所の老婦人からグランド・ピアノを借りてくれました．そして 1 時間遅れの 23 時から始まったリサイタルは大成功を収めます．この経験と，ゲッチンゲンの人々への感謝，そして「和解に向かう強い気持ち」un profond désir de réconciliation から「ゲッチンゲン」が生まれました．バルバラはユダヤ人の家系であったことから戦時中にナチスに追われてフランス各地を逃げ回りました．その経験からドイツには抵抗感を持っていました．しかし，このゲッチンゲンでの出来事をきっかけとして「和解」へと向かったように思います．やがてバルバラは「ゲッチンゲン」をドイツ語でも歌い，この曲は 1980 年代後半にフランスとドイツ双方から仏独和解の歌とみなされるようになります．バルバラはその後も，「報道写真」*Si la photo est bonne*，「ペルランパンパン」，「エイズ　死に至る病」*Sid'amour à mort*，「11月の子どもたち」*Les enfants de novembre* などのアンガージュマンの曲を歌います．

（ドイツ語版「ゲッチンゲン」が収録された CD *Barbara femme piano*）

Leçon 14

バルバラの小径

比較

Dialogue ♪ 2-38

♪ Kaoru と Pierre が Allée Barbara を散歩する.

Pierre : Et voilà, l'Allée Barbara !

Kaoru : C'est joli et c'est calme. On dirait que ce square se trouve dans un quartier assez populaire, n'est-ce pas ?

Pierre : Oui, c'est le quartier des Batignolles, où est née Barbara.

Kaoru : Tout à l'heure, j'étais contente de voir l'endroit où Barbara a vécu. Les mots qui sont inscrits sur la plaque de l'immeuble, ce sont des paroles de chanson ?

Pierre : Oui, elles viennent de la chanson qui a pour titre *Ma plus belle histoire d'amour, c'est vous.*

Kaoru : Mais, « vous », c'est qui ?

(バティニョル公園の「バルバラの小径」)

Les bâtiments　建物　♪ 2-39

un appartement アパルトマン　　un ascenseur エレベーター　un balcon バルコニー
un bâtiment 建物　　une cave 地下貯蔵庫　　une chambre 寝室　　une cuisine 台所
une entrée 玄関　　un escalier 階段　　une fenêtre 窓　　un grenier 屋根裏部屋
un immeuble ビル　　une pièce 部屋　　une terrasse テラス　　un toit 屋根
le rez-de-chaussée 一階　　le premier étage 二階　　le deuxième étage 三階

Grammaire

1 比較級

優等	plus		
同等	aussi	形容詞 副詞 +	que 比較の対象
劣等	moins		

- 優等，同等，劣等比較があり，比較の対象は **que** 以下で表します．

  Le musée du Louvre est plus grand que le musée Picasso.

  Elle comprend le français aussi bien que l'anglais.

- 量を表す場合は優等に **plus de**，同等に **autant de**，劣等に **moins de** を用います．

  Cet hiver, nous avons eu autant de neige que l'an dernier.

  Il y a moins d'habitants à Hiroshima qu'à Kyoto.

- bon や bien のように比較級を持つ形容詞や副詞があります．

  Ce gâteau est meilleur que l'autre.

  Tu parles mieux français que moi.

2 最上級

優等	定冠詞 (le , la , les) plus + 形容詞 de 比較の範囲
劣等	定冠詞 (le , la , les) moins + 形容詞 de 比較の範囲

- 優等，劣等の最上級があり，比較の範囲は **de** 以下で表します．

- 最上級が形容詞の場合，定冠詞は形容詞の性と数に一致します．

  Pauline est la plus intelligente de mes amies.

  Ces deux élèves sont les moins sérieux de la classe.

- 名詞の前に形容詞がある場合は，定冠詞 + plus (moins) + 形容詞 + 名詞になります．

  Le roitelet-huppé est le plus petit oiseau de France.

- 最上級が副詞の場合，定冠詞は常に **le** になります．

  Venez le plus tôt possible.

  C'est lui qui parle le moins bien français.

- bon や bien のように最上級を持つ形容詞や副詞があります．

  Cette pâtisserie est la meilleure du quartier.

  C'est elle qui parle le mieux français de nous tous.

Exercices

1 指示に従って比較級を用いた文にしましょう.

1) Tu es (　　　　) jeune (　　　　　) moi. (優等)

2) La France est (　　　　) peuplée (　　　　) le Japon. (劣等)

3) Les framboises sont (　　　　) chères (　　　　) les fraises. (同等)

4) Je n'ai pas (　　　　) vacances (　　　　) vous. (同等)

5) Son dernier film était mauvais, mais c'était quand même (　　　　　) que le précédent. (優等)

2 例にならって最上級の文をつくりましょう.

> *Paris – ville – grand – France* (優等)
>
> → *Paris est la plus grande ville de France.*

1) Héloïse – élève – intelligent – classe (優等)

2) Le mont Blanc – sommet – haut – Alpes (優等)

3) Chartier – restaurant – cher – Paris (劣等)

4) Cet enfant – chanter – bien – classe (劣等)

5) J'habite – vieux – immeuble – quartier (優等)

3 次の曲は Barbara の *Ma plus belle histoire d'amour* の最後の部分です. 以下の設問に答えましょう.

> **Ma plus belle histoire d'amour**
> Je tenais à vous le dire :
> Ce soir je vous remercie de vous.
> Qu'importe ce qu'on peut en dire,
> Je suis venue pour vous dire,
> Ma plus belle histoire d'amour, c'est vous.

1) 二つの中性代名詞が指している事柄を説明しましょう.

2) 代名詞の使い方に気をつけてこの歌詞を日本語に訳してみましょう.

Écoutons ! Parlons !

1 音声を聞き比較級と最上級に気をつけてカッコの単語・語句を書き取りましょう。

♪ 2-42

1) Cette pièce a (   ) soleil (   ) le salon.

2) Cette histoire était (   ) intéressante (   ) livre.

3) Connaissez-vous (   ) l'Italie que la France ?

4) Je n'écoute plus (   ) musique (   )avant.

5) Le vin (   ) n'est pas forcément (   ).

2 Barbara の *Ma plus belle histoire d'amour* にならってカッコの語句を参考にして自分の身近なことを隣のひとと話しましょう。

♪ 2-43

Mon plus + 形容詞, *Mon meilleur* ...., *c'est* + 名詞, *c'est* + 名詞 + 関係代名詞, *c'est de* + 動詞の原形 ....

Ma plus + 形容詞, *Ma meilleure* ...., *c'est* + 名詞, *c'est* + 名詞 + 関係代名詞, *c'est de* + 動詞の原形 ....

> une grande qualité, un grand défaut, un beau voyage, un bon souvenir

---

PARIS et BARBARA **14**

バティニョル

バルバラが生まれたブロシャン通り6番地のアパルトマンの記念標は「バルバラ友の会」Les Amis de Barbara とパリ17区によって2001年6月9日に掲げられました。「バルバラの小径」はここから歩いて数分のバティニョル公園の中に小川と池に沿うようにあります。バティニョル地区は，パリが現在の20区に再編された1860年にパリ市に組み込まれ，公園はナポレオン三世の命によりイギリス式庭園として作られました。バルバラは家族でこの公園によくやってきたようです。「秋が来た」Il automne の中で「ロビン（ヨーロッパコマドリ）がいる／バティニョル公園には」Il y a des rouges-gorges / Au jardin de Batignolles と歌っています。ここは春になると桜も咲く気持ちのよい公園です。

（ブロシャン通り6番のバルバラの生家）

バティニョルはモンマルトルに近い「下町」です。バルバラがパリで住んだ場所はこのバティニョルやヴィトリューヴ通りのように，パリの中心部ではなくむしろ周辺のようです。やがてバルバラは1973年にパリ郊外のプレシー・シュル・マルヌ Précy-sur-Marne に一軒家（ヴェルダン通り2番地2, rue de Verdun）を見つけます。そして亡くなるまでこの一軒家で暮らします。

Leçon 15

空港で

願う

Dialogue ♪ 2-44

♪ Kaoru と Pierre がパリのシャルル・ド・ゴール空港の出発ロビーにいる.

Kaoru : Pierre, je dois rentrer au Japon ...

Pierre : Je comprends, mais ... je voudrais que tu reviennes à Paris.

Kaoru : Oui, je reviendrai, je te le jure, parce que... *je voudrais vivre avec toi sur ton île aux mimosas.*

Pierre : Quoi ?

Kaoru : C'est une chanson de Barbara que j'adore. Je voudrais vivre sur l'île aux mimosas !

Pierre : Sur l'île aux mimosas ? Mais, ...

Kaoru : Avec toi...

（シャルル・ド・ゴール空港の出発ロビー）

À l'aéroport 空港で ♪ 2-45

un aéroport 空港	une arrivée 到着	des bagages 荷物
une boutique hors taxes 免税店	un chariot ワゴン	un comptoir カウンター
un départ 出発	une destination 行き先	la douane 税関
l'enregistrement 荷物受付	l'immigration 入国審査	une navette シャトルバス・電車
un numéro de vol 便名	une porte d'embarquement 搭乗ゲート	
un terminal ターミナル	les toilettes トイレ	une valise スーツケース

Grammaire

1 接続法現在形

refuser		être	
je refuse	nous refusions	je sois	nous soyons
tu refuses	vous refusiez	tu sois	vous soyez
il/elle refuse	ils/elles refusent	il/elle soit	ils/elles soient

- 接続法現在形の語幹は多くの場合直説法現在3人称複数形と同じです.

- 接続法は「考えられた内容」として非現実で不確定なことを表し，次のような特定の動詞や接続詞の後の従属節の中で使われます.

- 願望，感情，義務等を表す場合.

  Je souhaite qu'elle vienne nous voir.

- 判断または感情を示す非人称構文で.

  Il se peut qu'il refuse notre proposition.

- 否定や反語調の疑問・条件文で.

  Je ne pense pas qu'elle soit si heureuse que ça.

- 目的・条件・譲歩などを示す場合.

  C'est trop tard maintenant pour que je vous revienne.

- 独立的に用いられると命令・願望を表します.

  Vive la France !　　Que personne ne sorte !

2 接続法過去形

refuser		venir	
j'aie refusé	nous ayons refusé	je sois venu(e)	nous soyons venu(e)s
tu aies refusé	vous ayez refusé	tu sois venu(e)	vous soyez venu(e)(s)
il ait refusé	ils aient refusé	il soit venu	ils soient venus
elle ait refusé	elles aient refusé	elle soit venue	elles soient venues

- 助動詞（avoir, être）の接続法現在形 + 過去分詞で過去の内容を示します.

  Je ne crois pas qu'elle soit déjà partie.

  Imagine que tu m'aies trouvée et qu'il ne soit pas trop tard.

Exercices

1 カッコの動詞を適切な接続法の形にしましょう.

1) Il faut que je (parler) français.

2) Je veux que tu (finir) ce travail à dix-sept heures.

3) Je suis très touché que vous m'(écrire).

4) Anne regrette que tu (partir) aussi tôt.

5) (Vivre) la liberté !

2 適切な単語・語句を選びましょう.

1) Il demande que tu le (préviennes / préviens).

2) Vous savez bien que (c'est / ce soit) impossible.

3) Elle ne croit pas qu'il (sait / sache) tout.

4) Je (crois / ne crois pas) qu'elle m'a oublié.

5) Je viendrai à condition qu'il (fait / fasse) beau.

3 次の曲は Barbara の「わたしの悦びが来るまで待って」 *Attendez que ma joie revienne* です. 以下の設問に答えましょう.

Attendez que ma joie revienne Attendez que ma joie revienne Et que se meure le souvenir De cet amour de tant de peine Qui n'en finit pas de mourir Avant de me dire je t'aime Avant que je puisse vous le dire Attendez que ma joie revienne Qu'au matin je puisse sourire.	わたしの悦びが来るまで待って わたしの悦びが来るまで待って 思い出が死んでしまうまで こんなに苦しいこの恋の いつまでも終わりのないこの恋の わたしに愛しているという言う前に あなたに愛していると言える前に わたしの悦びが来るまで待って 朝，わたしが微笑むことができるまで

1) 接続法の動詞を抜き出して原形にしましょう.

2) 歌詞を参考にして次の日本語をフランス語にしましょう.

    a) 彼女たちが戻ってくるまで待ってください (attendre / revenir)

    b) 夜にならないと星は見えないよ (voir / faire nuit)

    c) 花が枯れないように水をやってください (donner / mourir)

ATTENDEZ QUE MA JOIE REVIENNE
Words & Music by Barbara
© Copyright by CARAVELLE NOUVELLES EDITIONS MU
All Rights Reserved. International Copyright Secured.
Print rights for Japan controlled by Shinko Music Entertainment Co., Ltd.

Écoutons ! Parlons !

1 音声を聞き法と時制に注意してカッコの単語・語句を書き取りましょう. ♪ 2-48

1) On doit rentrer avant la nuit ? — Oui, il faut qu'on (　　　　) avant que Sophie (　　　　).

2) Je peux sortir ce soir ? — Non, je ne veux pas que tu (　　　　) ce soir, tu as un cours tôt demain.

3) Ils viennent comme prévu ? — Oui, mais il est possible qu'ils (　　　　) en retard.

4) On doit vraiment faire ça ? — Oui, c'est nécessaire pour que nous (　　　　).

5) Il (　　　　) son travail ? — Non, je ne crois pas qu'il l'(　　　　).

2 以下の質問を隣のひとと尋ね合い, Oui と Non を使って答えましょう. ♪ 2-49

1) Es-tu certain qu'il pleuve ?

2) Croyez-vous que ce soit possible ?

3) Es-tu sûre qu'elle vienne ?

4) Pensez-vous que les choses puissent s'arranger ?

5) Trouvez-vous que la vie soit plus chère à Paris ?

PARIS et BARBARA 　15　 « Notre plus belle histoire d'amour, c'est vous »

バルバラは 1997 年 11 月 24 日ヌイイ Neuilly のアメリカン・ホスピタルで亡くなりました. 67 歳でした. バルバラの墓があるのはパリ南部のバニュー墓地ですが (第 10 課), パリ市中には 14 の墓地があります. 中でも, モンパルナス墓地, ペール・ラシェーズ墓地, モンマルトル墓地はよく知られています. 墓も個性的で, モンパルナス墓地のサルトル Sartre とボーヴォワール Beauvoir の墓にはキスマークが付けられ, マルグリット・デュラス Marguerite Duras の墓にはペンと鉛筆が所狭しと置かれています. ペール・ラシェーズ墓地のアベラール Abélard とエロイーズ Héloïse の墓は屋根のついた荘厳な作りで, モディリアーニ Modigliani の墓石にはいつもバラ一輪が置かれています. バルバラはバ

(バニュー墓地のバルバラの墓)

ニュー墓地のブロッドスキー家 Famille Brodsky の墓に入っています. その墓にはバルバラの写真と薔薇の花とともに « Notre plus belle histoire d'amour, c'est vous » と書かれたプレートが置かれています.

64

参考文献

Barbara, *Il était un piano noir ... Mémoires interrompus*, Fayard, 1998.

V. Lehoux, *Barbara, portrait en clair-obscur*, édition revue et augmentée, Pluriel, 2017.

Musée Carnavalet, Connaissance des arts, hors-série, 2021.

Paris-Diamant par P. Joanne, Hachette, 1908.

Plan de Paris par arrondissement, L'Indispensable, 2021.

G. Schlesser, *Le Paris de Barbara*, Parigramme, 2019.

高岡優希「バルバラ　社会を見つめるその眼差し―平和を祈る歌の数々―」,『シャンソン・フランセーズ研究』第 9 号, 2017 年, pp.1-22.

中祢勝美「バルバラの『ゲッティンゲン』(1)―「独仏和解の歌」とその成立―」,『天理大学学報』第 68 巻第 1 号, 2017, pp.49-78.

中祢勝美「バルバラの『ゲッティンゲン』(2)―ドイツ語版（1967 年）およびその成立に関わった人々―」,『天理大学学報』第 72 巻第 1 号, 2020, pp.1-28.

松原秀一『フランスことば事典』講談社学術文庫, 1996 年.

Barbara の歌詞は *BARBARA MA PLUS BELLE HISTOIRE D'AMOUR, L'Œuvre intégrale*, Archipoche, 2000 による.

吹込者： Marie-Noëlle BEAUVIEUX
Jonathan GOUJON
表紙・イラスト：Nancy

バルバラ
フランス語教科書

検印省略	© 2024 年 1 月 30 日 初　版 発行
著　者	Marie-Noëlle BEAUVIEUX 平手　友彦 Claude LÉVI ALVARÈS Jean-Gabriel SANTONI
発行者	小川　洋一郎
発行所	株式会社 朝 日 出 版 社

〒 101-0065　東京都千代田区西神田 3-3-5
電話 (03)3239-0271/72
振替口座　東京　00140-2-46008
https://www.asahipress.com/
欧友社／図書印刷

動 詞 変 化 表

I. aimer
II. arriver

III. être aimé(e)(s)
IV. se lever

1. avoir
2. être
3. parler
4. placer
5. manger
6. acheter
7. appeler
8. préférer
9. employer
10. envoyer
11. aller
12. finir
13. partir
14. courir
15. fuir
16. mourir

17. venir
18. ouvrir
19. rendre
20. mettre
21. battre
22. suivre
23. vivre
24. écrire
25. connaître
26. naître
27. conduire
28. suffire
29. lire
30. plaire
31. dire
32. faire

33. rire
34. croire
35. craindre
36. prendre
37. boire
38. voir
39. asseoir
40. recevoir
41. devoir
42. pouvoir
43. vouloir
44. savoir
45. valoir
46. falloir
47. pleuvoir

不定形・分詞形	直　　説　　法		

I. aimer

	現　　在	半　過　去	単　純　過　去
aimant	j' aime	j' aimais	j' aimai
aimé	tu aimes	tu aimais	tu aimas
ayant aimé	il aimait	il aimait	il aima
（助動詞　avoir）	nous aimons	nous aimions	nous aimâmes
	vous aimez	vous aimiez	vous aimâtes
	ils aiment	ils aimaient	ils aimèrent

命　令　法	複　合　過　去	大　過　去	前　過　去
aime	j' ai aimé	j' avais aimé	j' eus aimé
	tu as aimé	tu avais aimé	tu eus aimé
	il a aimé	il avait aimé	il eut aimé
aimons	nous avons aimé	nous avions aimé	nous eûmes aimé
aimez	vous avez aimé	vous aviez aimé	vous eûtes aimé
	ils ont aimé	ils avaient aimé	ils eurent aimé

II. arriver

	複　合　過　去	大　過　去	前　過　去
	je suis arrivé(e)	j' étais arrivé(e)	je fus arrivé(e)
	tu es arrivé(e)	tu étais arrivé(e)	tu fus arrivé(e)
arrivant	il est arrivé	il était arrivé	il fut arrivé
arrivé	elle est arrivée	elle était arrivée	elle fut arrivée
étant arrivé(e)(s)	nous sommes arrivé(e)s	nous étions arrivé(e)s	nous fûmes arrivé(e)s
	vous êtes arrivé(e)(s)	vous étiez arrivé(e)(s)	vous fûtes arrivé(e)(s)
（助動詞　être）	ils sont arrivés	ils étaient arrivés	ils furent arrivés
	elles sont arrivées	elles étaient arrivées	elles furent arrivées

III. être aimé(e)(s)

受動態

	現　　在	半　過　去	単　純　過　去
	je suis aimé(e)	j' étais aimé(e)	je fus aimé(e)
	tu es aimé(e)	tu étais aimé(e)	tu fus aimé(e)
	il est aimé	il était aimé	il fut aimé
	elle est aimée	elle était aimée	elle fut aimé e
étant aimé(e)(s)	n. sommes aimé(e)s	n. étions aimé(e)s	n. fûmes aimé(e)s
ayant été aimé(e)(s)	v. êtes aimé(e)(s)	v. étiez aimé(e)(s)	v. fûtes aimé(e)(s)
	ils sont aimés	ils étaient aimés	ils furent aimés
	elles sont aimées	elles étaient aimées	elles furent aimées

命　令　法	複　合　過　去	大　過　去	前　過　去
sois aimé(e)	j' ai été aimé(e)	j' avais été aimé(e)	j' eus été aimé(e)
	tu as été aimé(e)	tu avais été aimé(e)	tu eus été aimé(e)
	il a été aimé	il avait été aimé	il eut été aimé
soyons aimé(e)s	elle a été aimée	elle avait été aimée	elle eut été aimée
soyez aimé(e)(s)	n. avons été aimé(e)s	n. avions été aimé(e)s	n. eûmes été aimé(e)s
	v. avez été aimé(e)(s)	v. aviez été aimé(e)(s)	v. eûtes été aimé(e)(s)
	ils ont été aimés	ils avaient été aimés	ils eurent été aimés
	elles ont été aimées	elles avaient été aimées	elles eurent été aimées

IV. se lever

代名動詞

	現　　在	半　過　去	単　純　過　去
	je me lève	je me levais	je me levai
	tu te lèves	tu te levais	tu te levas
	il se lève	il se levait	il se leva
se levant	n. n. levons	n. n. levions	n. n. levâmes
s'étant levé(e)(s)	v. v. levez	v. v. leviez	v. v. levâtes
	ils se lèvent	ils se levaient	ils se levèrent

命　令　法	複　合　過　去	大　過　去	前　過　去
	je me suis levé(e)	j' m' étais levé(e)	je me fus levé(e)
lève-toi	tu t' es levé(e)	tu t' étais levé(e)	tu te fus levé(e)
	il s' est levé	il s' était levé	il se fut levé
	elle s' est levée	elle s' était levée	elle se fut levée
levons-nous	n. n. sommes levé(e)s	n. n. étions levé(e)s	n. n. fûmes levé(e)s
levez-vous	v. v. êtes levé(e)(s)	v. v. étiez levé(e)(s)	v. v. fûtes levé(e)(s)
	ils se sont levés	ils s' étaient levés	ils se furent levés
	elles se sont levées	elles s' étaient levées	elles se furent levées

直　説　法	条　件　法	接　続　法	
単　純　未　来	**現　　在**	**現　　在**	**半　過　去**
j'　aimerai tu　aimeras il　aimera nous　aimerons vous　aimerez ils　aimeront	j'　aimerais tu　aimerais il　aimerait nous　aimerions vous　aimeriez ils　aimeraient	j'　aime tu　aimes il　aime nous　aimions vous　aimiez ils　aiment	j'　aimasse tu　aimasses il　aimât nous　aimassions vous　aimassiez ils　aimassent
前　未　来	**過　　去**	**過　　去**	**大　過　去**
j'　aurai　aimé tu　auras　aimé il　aura　aimé nous　aurons　aimé vous　aurez　aimé ils　auront　aimé	j'　aurais　aimé tu　aurais　aimé il　aurait　aimé nous　aurions　aimé vous　auriez　aimé ils　auraient　aimé	j'　aie　aimé tu　aies　aimé il　ait　aimé nous　ayons　aimé vous　ayez　aimé ils　aient　aimé	j'　eusse　aimé tu　eusses　aimé il　eût　aimé nous　eussions　aimé vous　eussiez　aimé ils　eussent　aimé
前　未　来	**過　　去**	**過　　去**	**大　過　去**
je　serai　arrivé(e) tu　seras　arrivé(e) il　sera　arrivé elle　sera　arrivée nous　serons　arrivé(e)s vous　serez　arrivé(e)(s) ils　seront　arrivés elles　seront　arrivées	je　serais　arrivé(e) tu　serais　arrivé(e) il　serait　arrivé elle　serait　arrivée nous　serions　arrivé(e)s vous　seriez　arrivé(e)(s) ils　seraient　arrivés elles　seraient　arrivées	je　sois　arrivé(e) tu　sois　arrivé(e) il　soit　arrivé elle　soit　arrivée nous　soyons　arrivé(e)s vous　soyez　arrivé(e)(s) ils　soient　arrivés elles　soient　arrivées	je　fusse　arrivé(e) tu　fusses　arrivé(e) il　fût　arrivé elle　fût　arrivée nous　fussions　arrivé(e)s vous　fussiez　arrivé(e)(s) ils　fussent　arrivés elles　fussent　arrivées
単　純　未　来	**現　　在**	**現　　在**	**半　過　去**
je　serai　aimé(e) tu　seras　aimé(e) il　sera　aimé elle　sera　aimée n.　serons　aimé(e)s v.　serez　aimé(e)(s) ils　seront　aimés elles　seront　aimées	je　serais　aimé(e) tu　serais　aimé(e) il　serait　aimé elle　serait　aimée n.　serions　aimé(e)s v.　seriez　aimé(e)(s) ils　seraient　aimés elles　seraient　aimées	je　sois　aimé(e) tu　sois　aimé(e) il　soit　aimé elle　soit　aimée n.　soyons　aimé(e)s v.　soyez　aimé(e)(s) ils　soient　aimés elles　soient　aimées	je　fusse　aimé(e) tu　fusses　aimé(e) il　fût　aimé elle　fût　aimée n.　fussions　aimé(e)s v.　fussiez　aimé(e)(s) ils　fussent　aimés elles　fussent　aimées
前　未　来	**過　　去**	**過　　去**	**大　過　去**
j'　aurai　été　aimé(e) tu　auras　été　aimé(e) il　aura　été　aimé elle　aura　été　aimée n.　aurons　été　aimé(e)s v.　aurez　été　aimé(e)(s) ils　auront　été　aimés elles　auront　été　aimées	j'　aurais　été　aimé(e) tu　aurais　été　aimé(e) il　aurait　été　aimé elle　aurait　été　aimée n.　aurions　été　aimé(e)s v.　auriez　été　aimé(e)(s) ils　auraient　été　aimés elles　auraient　été　aimées	j'　aie　été　aimé(e) tu　aies　été　aimé(e) il　ait　été　aimé elle　ait　été　aimée n.　ayons　été　aimé(e)s v.　ayez　été　aimé(e)(s) ils　aient　été　aimés elles　aient　été　aimées	j'　eusse　été　aimé(e) tu　eusses　été　aimé(e) il　eût　été　aimé elle　eût　été　aimée n.　eussions　été　aimé(e)s v.　eussiez　été　aimé(e)(s) ils　eussent　été　aimés elles　eussent　été　aimées
単　純　未　来	**現　　在**	**現　　在**	**半　過　去**
je　me　lèverai tu　te　lèveras il　se　lèvera n.　n.　lèverons v.　v.　lèverez ils　se　lèveront	je　me　lèverais tu　te　lèverais il　se　lèverait n.　n.　lèverions v.　v.　lèveriez ils　se　lèveraient	je　me　lève tu　te　lèves il　se　lève n.　n.　levions v.　v.　leviez ils　se　lèvent	je　me　levasse tu　te　levasses il　se　levât n.　n.　levassions v.　v.　levassiez ils　se　levassent
前　未　来	**過　　去**	**過　　去**	**大　過　去**
je　me　serai　levé(e) tu　te　seras　levé(e) il　se　sera　levé elle　se　sera　levée n.　n.　serons　levé(e)s v.　v.　serez　levé(e)(s) ils　se　seront　levés elles　se　seront　levées	je　me　serais　levé(e) tu　te　serais　levé(e) il　se　serait　levé elle　se　serait　levée n.　n.　serions　levé(e)s v.　v.　seriez　levé(e)(s) ils　se　seraient　levés elles　se　seraient　levées	je　me　sois　levé(e) tu　te　sois　levé(e) il　se　soit　levé elle　se　soit　levée n.　n.　soyons　levé(e)s v.　v.　soyez　levé(e)(s) ils　se　soient　levés elles　se　soient　levées	je　me　fusse　levé(e) tu　te　fusses　levé(e) il　se　fût　levé elle　se　fût　levée n.　n.　fussions　levé(e)s v.　v.　fussiez　levé(e)(s) ils　se　fussent　levés elles　se　fussent　levées

不 定 形 分 詞 形	直　　説　　法			
	現　　在	半　過　去	単　純　過　去	単　純　未　来
1. avoir もつ ayant eu [y]	j' ai tu as il a n. avons v. avez ils ont	j' avais tu avais il avait n. avions v. aviez ils avaient	j' eus [y] tu eus il eut n. eûmes v. eûtes ils eurent	j' aurai tu auras il aura n. aurons v. aurez ils auront
2. être 在る étant été	je suis tu es il est n. sommes v. êtes ils sont	j' étais tu étais il était n. étions v. étiez ils étaient	je fus tu fus il fut n. fûmes v. fûtes ils furent	je serai tu seras il sera n. serons v. serez ils seront
3. parler 話す parlant parlé	je parle tu parles il parle n. parlons v. parlez ils parlent	je parlais tu parlais il parlait n. parlions v. parliez ils parlaient	je parlai tu parlas il parla n. parlâmes v. parlâtes ils parlèrent	je parlerai tu parleras il parlera n. parlerons v. parlerez ils parleront
4. placer 置く plaçant placé	je place tu places il place n. plaçons v. placez ils placent	je plaçais tu plaçais il plaçait n. placions v. placiez ils plaçaient	je plaçai tu plaças il plaça n. plaçâmes v. plaçâtes ils placèrent	je placerai tu placeras il placera n. placerons v. placerez ils placeront
5. manger 食べる mangeant mangé	je mange tu manges il mange n. mangeons v. mangez ils mangent	je mangeais tu mangeais il mangeait n. mangions v. mangiez ils mangeaient	je mangeai tu mangeas il mangea n. mangeâmes v. mangeâtes ils mangèrent	je mangerai tu mangeras il mangera n. mangerons v. mangerez ils mangeront
6. acheter 買う achetant acheté	j' achète tu achètes il achète n. achetons v. achetez ils achètent	j' achetais tu achetais il achetait n. achetions v. achetiez ils achetaient	j' achetai tu achetas il acheta n. achetâmes v. achetâtes ils achetèrent	j' achèterai tu achèteras il achètera n. achèterons v. achèterez ils achèteront
7. appeler 呼ぶ appelant appelé	j' appelle tu appelles il appelle n. appelons v. appelez ils appellent	j' appelais tu appelais il appelait n. appelions v. appeliez ils appelaient	j' appelai tu appelas il appela n. appelâmes v. appelâtes ils appelèrent	j' appellerai tu appelleras il appellera n. appellerons v. appellerez ils appelleront
8. préférer より好む préférant préféré	je préfère tu préfères il préfère n. préférons v. préférez ils préfèrent	je préférais tu préférais il préférait n. préférions v. préfériez ils préféraient	je préférai tu préféras il préféra n. préférâmes v. préférâtes ils préférèrent	je préférerai tu préféreras il préférera n. préférerons v. préférerez ils préféreront

条　件　法	接　続　法		命　令　法	同型活用の動詞
現　　在	現　　在	半　過　去	現　　在	（注意）
j'　aurais tu　aurais il　aurait n.　aurions v.　auriez ils　auraient	j'　aie tu　aies il　ait n.　ayons v.　ayez ils　aient	j'　eusse tu　eusses il　eût n.　eussions v.　eussiez ils　eussent	aie ayons ayez	
je　serais tu　serais il　serait n.　serions v.　seriez ils　seraient	je　sois tu　sois il　soit n.　soyons v.　soyez ils　soient	je　fusse tu　fusses il　fût n.　fussions v.　fussiez ils　fussent	sois soyons soyez	
je　parlerais tu　parlerais il　parlerait n.　parlerions v.　parleriez ils　parleraient	je　parle tu　parles il　parle n.　parlions v.　parliez ils　parlent	je　parlasse tu　parlasses il　parlât n.　parlassions v.　parlassiez ils　parlassent	parle parlons parlez	第1群規則動詞 （4型〜10型をのぞく）
je　placerais tu　placerais il　placerait n.　placerions v.　placeriez ils　placeraient	je　place tu　places il　place n.　placions v.　placiez ils　placent	je　plaçasse tu　plaçasses il　plaçât n.　plaçassions v.　plaçassiez ils　plaçassent	place plaçons placez	—cer の動詞 annoncer, avancer, commencer, effacer, renoncer など. (a, o の前で c → ç)
je　mangerais tu　mangerais il　mangerait n.　mangerions v.　mangeriez ils　mangeraient	je　mange tu　manges il　mange n.　mangions v.　mangiez ils　mangent	je　mangeasse tu　mangeasses il　mangeât n.　mangeassions v.　mangeassiez ils　mangeassent	mange mangeons mangez	—ger の動詞 arranger, changer, charger, engager, nager, obliger など. (a, o の前で g → ge)
j'　achèterais tu　achèterais il　achèterait n.　achèterions v.　achèteriez ils　achèteraient	j'　achète tu　achètes il　achète n.　achetions v.　achetiez ils　achètent	j'　achetasse tu　achetasses il　achetât n.　achetassions v.　achetassiez ils　achetassent	achète achetons achetez	—e＋子音＋er の動詞 achever, lever, mener など. (7型をのぞく. e muet を 含む音節の前で e → è)
j'　appellerais tu　appellerais il　appellerait n.　appellerions v.　appelleriez ils　appelleraient	j'　appelle tu　appelles il　appelle n.　appelions v.　appeliez ils　appellent	j'　appelasse tu　appelasses il　appelât n.　appelassions v.　appelassiez ils　appelassent	appelle appelons appelez	—eter, —eler の動詞 jeter, rappeler など. (6型のものもある. e muet の前で t, l を重ね る)
je　préférerais tu　préférerais il　préférerait n.　préférerions v.　préféreriez ils　préféreraient	je　préfère tu　préfères il　préfère n.　préférions v.　préfériez ils　préfèrent	je　préférasse tu　préférasses il　préférât n.　préférassions v.　préférassiez ils　préférassent	préfère préférons préférez	—é＋子音＋er の動詞 céder, espérer, opérer, répéter など. (e muet を含む語末音節 の前で é → è)

不定形 分詞形	直　　説　　法			
	現　　在	半　過　去	単　純　過　去	単　純　未　来
9. employer 使う employant employé	j' emploie tu emploies il emploie n. employons v. employez ils emploient	j' employais tu employais il employait n. employions v. employiez ils employaient	j' employai tu employas il employa n. employâmes v. employâtes ils employèrent	j' emploierai tu emploieras il emploiera n. emploierons v. emploierez ils emploieront
10. envoyer 送る envoyant envoyé	j' envoie tu envoies il envoie n. envoyons v. envoyez ils envoient	j' envoyais tu envoyais il envoyait n. envoyions v. envoyiez ils envoyaient	j' envoyai tu envoyas il envoya n. envoyâmes v. envoyâtes ils envoyèrent	j' enverrai tu enverras il enverra n. enverrons v. enverrez ils enverront
11. aller 行く allant allé	je vais tu vas il va n. allons v. allez ils vont	j' allais tu allais il allait n. allions v. alliez ils allaient	j' allai tu allas il alla n. allâmes v. allâtes ils allèrent	j' irai tu iras il ira n. irons v. irez ils iront
12. finir 終える finissant fini	je finis tu finis il finit n. finissons v. finissez ils finissent	je finissais tu finissais il finissait n. finissions v. finissiez ils finissaient	je finis tu finis il finit n. finîmes v. finîtes ils finirent	je finirai tu finiras il finira n. finirons v. finirez ils finiront
13. partir 出発する partant parti	je pars tu pars il part n. partons v. partez ils partent	je partais tu partais il partait n. partions v. partiez ils partaient	je partis tu partis il partit n. partîmes v. partîtes ils partirent	je partirai tu partiras il partira n. partirons v. partirez ils partiront
14. courir 走る courant couru	je cours tu cours il court n. courons v. courez ils courent	je courais tu courais il courait n. courions v. couriez ils couraient	je courus tu courus il courut n. courûmes v. courûtes ils coururent	je courrai tu courras il courra n. courrons v. courrez ils courront
15. fuir 逃げる fuyant fui	je fuis tu fuis il fuit n. fuyons v. fuyez ils fuient	je fuyais tu fuyais il fuyait n. fuyions v. fuyiez ils fuyaient	je fuis tu fuis il fuit n. fuîmes v. fuîtes ils fuirent	je fuirai tu fuiras il fuira n. fuirons v. fuirez ils fuiront
16. mourir 死ぬ mourant mort	je meurs tu meurs il meurt n. mourons v. mourez ils meurent	je mourais tu mourais il mourait n. mourions v. mouriez ils mouraient	je mourus tu mourus il mourut n. mourûmes v. mourûtes ils moururent	je mourrai tu mourras il mourra n. mourrons v. mourrez ils mourront

条　件　法	接　　続　　法		命　令　法	同型活用の動詞
現　在	現　在	半　過　去	現　在	（注意）
j'　emploierais tu　emploierais il　emploierait n.　emploierions v.　emploieriez ils　emploieraient	j'　emploie tu　emploies il　emploie n.　employions v.　employiez ils　emploient	j'　employasse tu　employasses il　employât n.　employassions v.　employassiez ils　employassent	emploie employons employez	—oyer, —uyer, —ayer の動詞 (e muet の前で y → i. —ayer は 3 型でもよい. また envoyer → 10)
j'　enverrais tu　enverrais il　enverrait n.　enverrions v.　enverriez ils　enverraient	j'　envoie tu　envoies il　envoie n.　envoyions v.　envoyiez ils　envoient	j'　envoyasse tu　envoyasses il　envoyât n.　envoyassions v.　envoyassiez ils　envoyassent	envoie envoyons envoyez	renvoyer （未来，条・現のみ 9 型と ことなる）
j'　irais tu　irais il　irait n.　irions v.　iriez ils　iraient	j'　aille tu　ailles il　aille n.　allions v.　alliez ils　aillent	j'　allasse tu　allasses il　allât n.　allassions v.　allassiez ils　allassent	va allons allez	
je　finirais tu　finirais il　finirait n.　finirions v.　finiriez ils　finiraient	je　finisse tu　finisses il　finisse n.　finissions v.　finissiez ils　finissent	je　finisse tu　finisses il　finît n.　finissions v.　finissiez ils　finissent	finis finissons finissez	第 2 群規則動詞
je　partirais tu　partirais il　partirait n.　partirions v.　partiriez ils　partiraient	je　parte tu　partes il　parte n.　partions v.　partiez ils　partent	je　partisse tu　partisses il　partît n.　partissions v.　partissiez ils　partissent	pars partons partez	dormir, endormir, se repentir, sentir, servir, sortir
je　courrais tu　courrais il　courrait n.　courrions v.　courriez ils　courraient	je　coure tu　coures il　coure n.　courions v.　couriez ils　courent	je　courusse tu　courusses il　courût n.　courussions v.　courussiez ils　courussent	cours courons courez	accourir, parcourir, secourir
je　fuirais tu　fuirais il　fuirait n.　fuirions v.　fuiriez ils　fuiraient	je　fuie tu　fuies il　fuie n.　fuyions v.　fuyiez ils　fuient	je　fuisse tu　fuisses il　fuît n.　fuissions v.　fuissiez ils　fuissent	fuis fuyons fuyez	s'enfuir
je　mourrais tu　mourrais il　mourrait n.　mourrions v.　mourriez ils　mourraient	je　meure tu　meures il　meure n.　mourions v.　mouriez ils　meurent	je　mourusse tu　mourusses il　mourût n.　mourussions v.　mourussiez ils　mourussent	meurs mourons mourez	

不 定 形 分 詞 形	直　説　法			
	現　　　在	半　過　去	単 純 過 去	単 純 未 来
17. venir 来る venant venu	je　viens tu　viens il　vient n.　venons v.　venez ils　viennent	je　venais tu　venais il　venait n.　venions v.　veniez ils　venaient	je　vins tu　vins il　vint n.　vînmes v.　vîntes ils　vinrent	je　viendrai tu　viendras il　viendra n.　viendrons v.　viendrez ils　viendront
18. ouvrir あける ouvrant ouvert	j'　ouvre tu　ouvres il　ouvre n.　ouvrons v.　ouvrez ils　ouvrent	j'　ouvrais tu　ouvrais il　ouvrait n.　ouvrions v.　ouvriez ils　ouvraient	j'　ouvris tu　ouvris il　ouvrit n.　ouvrîmes v.　ouvrîtes ils　ouvrirent	j'　ouvrirai tu　ouvriras il　ouvrira n.　ouvrirons v.　ouvrirez ils　ouvriront
19. rendre 返す rendant rendu	je　rends tu　rends il　rend n.　rendons v.　rendez ils　rendent	je　rendais tu　rendais il　rendait n.　rendions v.　rendiez ils　rendaient	je　rendis tu　rendis il　rendit n.　rendîmes v.　rendîtes ils　rendirent	je　rendrai tu　rendras il　rendra n.　rendrons v.　rendrez ils　rendront
20. mettre 置く mettant mis	je　mets tu　mets il　met n.　mettons v.　mettez ils　mettent	je　mettais tu　mettais il　mettait n.　mettions v.　mettiez ils　mettaient	je　mis tu　mis il　mit n.　mîmes v.　mîtes ils　mirent	je　mettrai tu　mettras il　mettra n.　mettrons v.　mettrez ils　mettront
21. battre 打つ battant battu	je　bats tu　bats il　bat n.　battons v.　battez ils　battent	je　battais tu　battais il　battait n.　battions v.　battiez ils　battaient	je　battis tu　battis il　battit n.　battîmes v.　battîtes ils　battirent	je　battrai tu　battras il　battra n.　battrons v.　battrez ils　battront
22. suivre ついて行く suivant suivi	je　suis tu　suis il　suit n.　suivons v.　suivez ils　suivent	je　suivais tu　suivais il　suivait n.　suivions v.　suiviez ils　suivaient	je　suivis tu　suivis il　suivit n.　suivîmes v.　suivîtes ils　suivirent	je　suivrai tu　suivras il　suivra n.　suivrons v.　suivrez ils　suivront
23. vivre 生きる vivant vécu	je　vis tu　vis il　vit n.　vivons v.　vivez ils　vivent	je　vivais tu　vivais il　vivait n.　vivions v.　viviez ils　vivaient	je　vécus tu　vécus il　vécut n.　vécûmes v.　vécûtes ils　vécurent	je　vivrai tu　vivras il　vivra n.　vivrons v.　vivrez ils　vivront
24. écrire 書く écrivant écrit	j'　écris tu　écris il　écrit n.　écrivons v.　écrivez ils　écrivent	j'　écrivais tu　écrivais il　écrivait n.　écrivions v.　écriviez ils　écrivaient	j'　écrivis tu　écrivis il　écrivit n.　écrivîmes v.　écrivîtes ils　écrivirent	j'　écrirai tu　écriras il　écrira n.　écrirons v.　écrirez ils　écriront

条　件　法		接　続　法		命　令　法	同型活用の動詞
現　在		現　在	半　過　去	現　在	（注意）
je viendrais tu viendrais il viendrait n. viendrions v. viendriez ils viendraient		je vienne tu viennes il vienne n. venions v. veniez ils viennent	je vinsse tu vinsses il vînt n. vinssions v. vinssiez ils vinssent	viens venons venez	convenir, devenir, provenir, revenir, se souvenir ; tenir, appartenir, maintenir, obtenir, retenir, soutenir
j' ouvrirais tu ouvrirais il ouvrirait n. ouvririons v. ouvririez ils ouvriraient		j' ouvre tu ouvres il ouvre n. ouvrions v. ouvriez ils ouvrent	j' ouvrisse tu ouvrisses il ouvrît n. ouvrissions v. ouvrissiez ils ouvrissent	ouvre ouvrons ouvrez	couvrir, découvrir, offrir, souffrir
je rendrais tu rendrais il rendrait n. rendrions v. rendriez ils rendraient		je rende tu rendes il rende n. rendions v. rendiez ils rendent	je rendisse tu rendisses il rendît n. rendissions v. rendissiez ils rendissent	rends rendons rendez	attendre, défendre, descendre entendre, perdre, prétendre, répondre, tendre, vendre
je mettrais tu mettrais il mettrait n. mettrions v. mettriez ils mettraient		je mette tu mettes il mette n. mettions v. mettiez ils mettent	je misse tu misses il mît n. missions v. missiez ils missent	mets mettons mettez	admettre, commettre, permettre, promettre, remettre, soumettre
je battrais tu battrais il battrait n. battrions v. battriez ils battraient		je batte tu battes il batte n. battions v. battiez ils battent	je battisse tu battisses il battît n. battissions v. battissiez ils battissent	bats battons battez	abattre, combattre
je suivrais tu suivrais il suivrait n. suivrions v. suivriez ils suivraient		je suive tu suives il suive n. suivions v. suiviez ils suivent	je suivisse tu suivisses il suivît n. suivissions v. suivissiez ils suivissent	suis suivons suivez	poursuivre
je vivrais tu vivrais il vivrait n. vivrions v. vivriez ils vivraient		je vive tu vives il vive n. vivions v. viviez ils vivent	je vécusse tu vécusses il vécût n. vécussions v. vécussiez ils vécussent	vis vivons vivez	
j' écrirais tu écrirais il écrirait n. écririons v. écririez ils écriraient		j' écrive tu écrives il écrive n. écrivions v. écriviez ils écrivent	j' écrivisse tu écrivisses il écrivît n. écrivissions v. écrivissiez ils écrivissent	écris écrivons écrivez	décrire, inscrire

不 定 形 分 詞 形	直　　説　　法			
	現　　　在	半　過　去	単　純　過　去	単　純　未　来
25. connaître 知っている connaissant connu	je　connais tu　connais il　connaît n.　connaissons v.　connaissez ils　connaissent	je　connaissais tu　connaissais il　connaissait n.　connaissions v.　connaissiez ils　connaissaient	je　connus tu　connus il　connut n.　connûmes v.　connûtes ils　connurent	je　connaîtrai tu　connaîtras il　connaîtra n.　connaîtrons v.　connaîtrez ils　connaîtront
26. naître 生まれる naissant né	je　nais tu　nais il　naît n.　naissons v.　naissez ils　naissent	je　naissais tu　naissais il　naissait n.　naissions v.　naissiez ils　naissaient	je　naquis tu　naquis il　naquit n.　naquîmes v.　naquîtes ils　naquirent	je　naîtrai tu　naîtras il　naîtra n.　naîtrons v.　naîtrez ils　naîtront
27. conduire みちびく conduisant conduit	je　conduis tu　conduis il　conduit n.　conduisons v.　conduisez ils　conduisent	je　conduisais tu　conduisais il　conduisait n.　conduisions v.　conduisiez ils　conduisaient	je　conduisis tu　conduisis il　conduisit n.　conduisîmes v.　conduisîtes ils　conduisirent	je　conduirai tu　conduiras il　conduira n.　conduirons v.　conduirez ils　conduiront
28. suffire 足りる suffisant suffi	je　suffis tu　suffis il　suffit n.　suffisons v.　suffisez ils　suffisent	je　suffisais tu　suffisais il　suffisait n.　suffisions v.　suffisiez ils　suffisaient	je　suffis tu　suffis il　suffit n.　suffîmes v.　suffîtes ils　suffirent	je　suffirai tu　suffiras il　suffira n.　suffirons v.　suffirez ils　suffiront
29. lire 読む lisant lu	je　lis tu　lis il　lit n.　lisons v.　lisez ils　lisent	je　lisais tu　lisais il　lisait n.　lisions v.　lisiez ils　lisaient	je　lus tu　lus il　lut n.　lûmes v.　lûtes ils　lurent	je　lirai tu　liras il　lira n.　lirons v.　lirez ils　liront
30. plaire 気に入る plaisant plu	je　plais tu　plais il　plaît n.　plaisons v.　plaisez ils　plaisent	je　plaisais tu　plaisais il　plaisait n.　plaisions v.　plaisiez ils　plaisaient	je　plus tu　plus il　plut n.　plûmes v.　plûtes ils　plurent	je　plairai tu　plairas il　plaira n.　plairons v.　plairez ils　plairont
31. dire 言う disant dit	je　dis tu　dis il　dit n.　disons v.　dites ils　disent	je　disais tu　disais il　disait n.　disions v.　disiez ils　disaient	je　dis tu　dis il　dit n.　dîmes v.　dîtes ils　dirent	je　dirai tu　diras il　dira n.　dirons v.　direz ils　diront
32. faire する faisant [fzɑ̃] fait	je　fais tu　fais il　fait n.　faisons [fzɔ̃] v.　faites ils　font	je　faisais [fzɛ] tu　faisais il　faisait n.　faisions v.　faisiez ils　faisaient	je　fis tu　fis il　fit n.　fîmes v.　fîtes ils　firent	je　ferai tu　feras il　fera n.　ferons v.　ferez ils　feront

条　件　法	接　続　法		命　令　法	同型活用の動詞
現　　在	現　　在	半　過　去	現　　在	（注意）
je connaîtrais tu connaîtrais il connaîtrait n. connaîtrions v. connaîtriez ils connaîtraient	je connaisse tu connaisses il connaisse n. connaissions v. connaissiez ils connaissent	je connusse tu connusses il connût n. connussions v. connussiez ils connussent	connais connaissons connaissez	reconnaître ; paraître, apparaître, disparaître （t の前で i → î）
je naîtrais tu naîtrais il naîtrait n. naîtrions v. naîtriez ils naîtraient	je naisse tu naisses il naisse n. naissions v. naissiez ils naissent	je naquisse tu naquisses il naquît n. naquissions v. naquissiez ils naquissent	nais naissons naissez	renaître （t の前で i → î）
je conduirais tu conduirais il conduirait n. conduirions v. conduiriez ils conduiraient	je conduise tu conduises il conduise n. conduisions v. conduisiez ils conduisent	je conduisisse tu conduisisses il conduisît n. conduisissions v. conduisissiez ils conduisissent	conduis conduisons conduisez	introduire, produire, traduire ; construire, détruire
je suffirais tu suffirais il suffirait n. suffirions v. suffiriez ils suffiraient	je suffise tu suffises il suffise n. suffisions v. suffisiez ils suffisent	je suffisse tu suffisses il suffît n. suffissions v. suffissiez ils suffissent	suffis suffisons suffisez	
je lirais tu lirais il lirait n. lirions v. liriez ils liraient	je lise tu lises il lise n. lisions v. lisiez ils lisent	je lusse tu lusses il lût n. lussions v. lussiez ils lussent	lis lisons lisez	élire, relire
je plairais tu plairais il plairait n. plairions v. plairiez ils plairaient	je plaise tu plaises il plaise n. plaisions v. plaisiez ils plaisent	je plusse tu plusses il plût n. plussions v. plussiez ils plussent	plais plaisons plaisez	déplaire, taire （ただし taire の直・現・ 3 人称単数 il tait）
je dirais tu dirais il dirait n. dirions v. diriez ils diraient	je dise tu dises il dise n. disions v. disiez ils disent	je disse tu disses il dît n. dissions v. dissiez ils dissent	dis disons dites	redire
je ferais tu ferais il ferait n. ferions v. feriez ils feraient	je fasse tu fasses il fasse n. fassions v. fassiez ils fassent	je fisse tu fisses il fît n. fissions v. fissiez ils fissent	fais faisons faites	défaire, refaire, satisfaire

不 定 形 分 詞 形	直 説 法			
	現　　在	半　過　去	単　純　過　去	単　純　未　来
33. rire 笑う riant ri	je ris tu ris il rit n. rions v. riez ils rient	je riais tu riais il riait n. riions v. riiez ils riaient	je ris tu ris il rit n. rîmes v. rîtes ils rirent	je rirai tu riras il rira n. rirons v. rirez ils riront
34. croire 信じる croyant cru	je crois tu crois il croit n. croyons v. croyez ils croient	je croyais tu croyais il croyait n. croyions v. croyiez ils croyaient	je crus tu crus il crut n. crûmes v. crûtes ils crurent	je croirai tu croiras il croira n. croirons v. croirez ils croiront
35. craindre おそれる craignant craint	je crains tu crains il craint n. craignons v. craignez ils craignent	je craignais tu craignais il craignait n. craignions v. craigniez ils craignaient	je craignis tu craignis il craignit n. craignîmes v. craignîtes ils craignirent	je craindrai tu craindras il craindra n. craindrons v. craindrez ils craindront
36. prendre とる prenant pris	je prends tu prends il prend n. prenons v. prenez ils prennent	je prenais tu prenais il prenait n. prenions v. preniez ils prenaient	je pris tu pris il prit n. prîmes v. prîtes ils prirent	je prendrai tu prendras il prendra n. prendrons v. prendrez ils prendront
37. boire 飲む buvant bu	je bois tu bois il boit n. buvons v. buvez ils boivent	je buvais tu buvais il buvait n. buvions v. buviez ils buvaient	je bus tu bus il but n. bûmes v. bûtes ils burent	je boirai tu boiras il boira n. boirons v. boirez ils boiront
38. voir 見る voyant vu	je vois tu vois il voit n. voyons v. voyez ils voient	je voyais tu voyais il voyait n. voyions v. voyiez ils voyaient	je vis tu vis il vit n. vîmes v. vîtes ils virent	je verrai tu verras il verra n. verrons v. verrez ils verront
39. asseoir 座らせる asseyant assoyant assis	j' assieds tu assieds il assied n. asseyons v. asseyez ils asseyent j' assois tu assois il assoit n. assoyons v. assoyez ils assoient	j' asseyais tu asseyais il asseyait n. asseyions v. asseyiez ils asseyaient j' assoyais tu assoyais il assoyait n. assoyions v. assoyiez ils assoyaient	j' assis tu assis il assit n. assîmes v. assîtes ils assirent	j' assiérai tu assiéras il assiéra n. assiérons v. assiérez ils assiéront j' assoirai tu assoiras il assoira n. assoirons v. assoirez ils assoiront

条　件　法		接　　続　　法				命　令　法	同型活用の動詞 （注意）
現　　在		現　　在		半　過　去		現　　在	
je	rirais	je	rie	je	risse		sourire
tu	rirais	tu	ries	tu	risses	ris	
il	rirait	il	rie	il	rît		
n.	ririons	n.	riions	n.	rissions	rions	
v.	ririez	v.	riiez	v.	rissiez	riez	
ils	riraient	ils	rient	ils	rissent		
je	croirais	je	croie	je	crusse		
tu	croirais	tu	croies	tu	crusses	crois	
il	croirait	il	croie	il	crût		
n.	croirions	n.	croyions	n.	crussions	croyons	
v.	croiriez	v.	croyiez	v.	crussiez	croyez	
ils	croiraient	ils	croient	ils	crussent		
je	craindrais	je	craigne	je	craignisse		plaindre ; atteindre, éteindre,
tu	craindrais	tu	craignes	tu	craignisses	crains	peindre;
il	craindrait	il	craigne	il	craignît		joindre, rejoindre
n.	craindrions	n.	craignions	n.	craignissions	craignons	
v.	craindriez	v.	craigniez	v.	craignissiez	craignez	
ils	craindraient	ils	craignent	ils	craignissent		
je	prendrais	je	prenne	je	prisse		apprendre,
tu	prendrais	tu	prennes	tu	prisses	prends	comprendre,
il	prendrait	il	prenne	il	prît		surprendre
n.	prendrions	n.	prenions	n.	prissions	prenons	
v.	prendriez	v.	preniez	v.	prissiez	prenez	
ils	prendraient	ils	prennent	ils	prissent		
je	boirais	je	boive	je	busse		
tu	boirais	tu	boives	tu	busses	bois	
il	boirait	il	boive	il	bût		
n.	boirions	n.	buvions	n.	bussions	buvons	
v.	boiriez	v.	buviez	v.	bussiez	buvez	
ils	boiraient	ils	boivent	ils	bussent		
je	verrais	je	voie	je	visse		revoir
tu	verrais	tu	voies	tu	visses	vois	
il	verrait	il	voie	il	vît		
n.	verrions	n.	voyions	n.	vissions	voyons	
v.	verriez	v.	voyiez	v.	vissiez	voyez	
ils	verraient	ils	voient	ils	vissent		
j'	assiérais	j'	asseye				（代名動詞 s'asseoir と して用いられることが 多い．下段は俗語調）
tu	assiérais	tu	asseyes			assieds	
il	assiérait	il	asseye				
n.	assiérions	n.	asseyions	j'	assisse	asseyons	
v.	assiériez	v.	asseyiez	tu	assisses	asseyez	
ils	assiéraient	ils	asseyent	il	assît		
				n.	assissions		
j'	assoirais	j'	assoie	v.	assissiez		
tu	assoirais	tu	assoies	ils	assissent	assois	
il	assoirait	il	assoie				
n.	assoirions	n.	assoyions			assoyons	
v.	assoiriez	v.	assoyiez			assoyez	
ils	assoiraient	ils	assoient				

不 定 形 分 詞 形	直　　説　　法			
	現　　在	半　過　去	単　純　過　去	単　純　未　来
40. recevoir 受取る recevant reçu	je reçois tu reçois il reçoit n. recevons v. recevez ils reçoivent	je recevais tu recevais il recevait n. recevions v. receviez ils recevaient	je reçus tu reçus il reçut n. reçûmes v. reçûtes ils reçurent	je recevrai tu recevras il recevra n. recevrons v. recevrez ils recevront
41. devoir ねばならぬ devant dû, due dus, dues	je dois tu dois il doit n. devons v. devez ils doivent	je devais tu devais il devait n. devions v. deviez ils devaient	je dus tu dus il dut n. dûmes v. dûtes ils durent	je devrai tu devras il devra n. devrons v. devrez ils devront
42. pouvoir できる pouvant pu	je peux (puis) tu peux il peut n. pouvons v. pouvez ils peuvent	je pouvais tu pouvais il pouvait n. pouvions v. pouviez ils pouvaient	je pus tu pus il put n. pûmes v. pûtes ils purent	je pourrai tu pourras il pourra n. pourrons v. pourrez ils pourront
43. vouloir のぞむ voulant voulu	je veux tu veux il veut n. voulons v. voulez ils veulent	je voulais tu voulais il voulait n. voulions v. vouliez ils voulaient	je voulus tu voulus il voulut n. voulûmes v. voulûtes ils voulurent	je voudrai tu voudras il voudra n. voudrons v. voudrez ils voudront
44. savoir 知っている sachant su	je sais tu sais il sait n. savons v. savez ils savent	je savais tu savais il savait n. savions v. saviez ils savaient	je sus tu sus il sut n. sûmes v. sûtes ils surent	je saurai tu sauras il saura n. saurons v. saurez ils sauront
45. valoir 価値がある valant valu	je vaux tu vaux il vaut n. valons v. valez ils valent	je valais tu valais il valait n. valions v. valiez ils valaient	je valus tu valus il valut n. valûmes v. valûtes ils valurent	je vaudrai tu vaudras il vaudra n. vaudrons v. vaudrez ils vaudront
46. falloir 必要である — fallu	il faut	il fallait	il fallut	il faudra
47. pleuvoir 雨が降る pleuvant plu	il pleut	il pleuvait	il plut	il pleuvra

| 条　件　法 | | 接　　続　　法 | | | 命　令　法 | 同型活用の動詞 |
現　　在		現　　在		半　過　去	現　　在	(注意)
je	recevrais	je	reçoive	je	reçusse		apercevoir, concevoir
tu	recevrais	tu	reçoives	tu	reçusses	reçois	
il	recevrait	il	reçoive	il	reçût		
n.	recevrions	n.	recevions	n.	reçussions	recevons	
v.	recevriez	v.	receviez	v.	reçussiez	recevez	
ils	recevraient	ils	reçoivent	ils	reçussent		
je	devrais	je	doive	je	dusse		（過去分詞は du＝de＋
tu	devrais	tu	doives	tu	dusses		le と区別するために男
il	devrait	il	doive	il	dût		性単数のみ dû と綴る）
n.	devrions	n.	devions	n.	dussions		
v.	devriez	v.	deviez	v.	dussiez		
ils	devraient	ils	doivent	ils	dussent		
je	pourrais	je	puisse	je	pusse		
tu	pourrais	tu	puisses	tu	pusses		
il	pourrait	il	puisse	il	pût		
n.	pourrions	n.	puissions	n.	pussions		
v.	pourriez	v.	puissiez	v.	pussiez		
ils	pourraient	ils	puissent	ils	pussent		
je	voudrais	je	veuille	je	voulusse		
tu	voudrais	tu	veuilles	tu	voulusses	veuille	
il	voudrait	il	veuille	il	voulût		
n.	voudrions	n.	voulions	n.	voulussions	veuillons	
v.	voudriez	v.	vouliez	v.	voulussiez	veuillez	
ils	voudraient	ils	veuillent	ils	voulussent		
je	saurais	je	sache	je	susse		
tu	saurais	tu	saches	tu	susses	sache	
il	saurait	il	sache	il	sût		
n.	saurions	n.	sachions	n.	sussions	sachons	
v.	sauriez	v.	sachiez	v.	sussiez	sachez	
ils	sauraient	ils	sachent	ils	sussent		
je	vaudrais	je	vaille	je	valusse		
tu	vaudrais	tu	vailles	tu	valusses		
il	vaudrait	il	vaille	il	valût		
n.	vaudrions	n.	valions	n.	valussions		
v.	vaudriez	v.	valiez	v.	valussiez		
ils	vaudraient	ils	vaillent	ils	valussent		
il	faudrait	il	faille	il	fallût		
il	pleuvrait	il	pleuve	il	plût